mídias digitais

Como vender produtos e serviços pela internet

Dados Internacionais de Catalogação na Publicação (CIP)
(Jeane Passos de Souza – CRB 8ª/6189)

Acacio, Fernanda
   Mídias digitais : como vender produtos e serviços pela internet /
Fernanda Acacio. – São Paulo : Editora Senac São Paulo, 2020.

   Bibliografia.
   ISBN 978-65-5536-362-3 (impresso/2020)
   e-ISBN 978-65-5536-363-0 (ePub/2020)
   e-ISBN 978-65-5536-364-7 (PDF/2020)

   1. Marketing digital 2. Marketing : Estratégias digitais
3. Marketing de conteúdo   4. Análise de dados : Marketing
digital   I. Título.

20-1187t   CDD – 658.81
                                       BISAC BUS090010
                                              BUS043000

Índice para catálogo sistemático:
   1.   Marketing digital : Mídias digitais   658.81

FERNANDA ACACIO

mídias digitais

Como vender produtos e serviços pela internet

Editora Senac São Paulo – São Paulo – 2020

Administração Regional do Senac no Estado de São Paulo
Presidente do Conselho Regional: Abram Szajman
Diretor do Departamento Regional: Luiz Francisco de A. Salgado
Superintendente Universitário e de Desenvolvimento: Luiz Carlos Dourado

Editora Senac São Paulo
Conselho Editorial: Luiz Francisco de A. Salgado
Luiz Carlos Dourado
Darcio Sayad Maia
Lucila Mara Sbrana Sciotti
Jeane Passos de Souza
Gerente/Publisher: Jeane Passos de Souza (jpassos@sp.senac.br)
Coordenação Editorial/Prospecção: Luís Américo Tousi Botelho (luis.tbotelho@sp.senac.br)
Dolores Crisci Manzano (dolores.cmanzano@sp.senac.br)
Administrativo: grupoedsadministrativo@sp.senac.br
Comercial: comercial@editorasenacsp.com.br

Edição e Preparação de Texto: Heloisa Hernandez
Revisão de Texto: Karen Daikuzono
Projeto Gráfico, Editoração Eletrônica e Capa: Manuela Ribeiro
Imagem de Capa: Visual Generation | Adobe Stock
Impressão e Acabamento: Gráfica CS

Sumário

Nota do editor

Poucas vezes a presença de um negócio em ambiente digital foi tão importante como agora: em 2020, em meio ao isolamento social forçado pela pandemia que enfrentamos, poder adquirir produtos e serviços pela internet tornou-se não só uma facilidade, mas, para muitos, uma necessidade. Empresas que já trabalhavam com e-commerce saíram à frente, sendo menos impactadas com a crise econômica que se instaurou. Outros, ainda, conseguiram empreender promovendo seus serviços on-line, acessíveis via mobile.

Nesse contexto, a publicação de Fernanda Acacio visa apresentar, de forma didática, os principais recursos em ambiente digital para que empresas e profissionais autônomos possam divulgar e vender seus produtos e serviços, de maneira eficaz. Para tanto, a autora explica como planejar e criar campanhas de promoção, e especifica as mídias digitais mais adequadas para cada objetivo, seus diferentes usos e funções, discutindo desde as redes sociais e buscadores à mídia programática e sua complexidade.

Com a finalidade de atender a essa demanda por conteúdo voltado ao empreendedorismo e marketing digital, o Senac São Paulo espera, com esta publicação, colaborar para que empresas e profissionais autônomos possam compreender quais são as mídias mais importantes e como utilizá-las para ampliar suas vendas on-line.

Introdução

Se pensarmos que, há dez anos, aplicativos de serviços essenciais, como Waze, Uber, iFood e Loggi, não existiam e sequer pensávamos em ter acesso a tais serviços de forma rápida, intuitiva e econômica, isso nos faz refletir sobre o patamar que a tecnologia alcançou e os caminhos que ela nos abriu. Essa evolução foi acelerada recentemente com a pandemia provocada pelo coronavírus, que mudou radicalmente o cenário socioeconômico, as demandas e os formatos de trabalho, com a necessidade de uma rápida adaptação ao mundo digital. O futuro se antecipou e não voltará atrás, as empresas tiveram de se adaptar a trabalhos remotos e a demandas de produtos e serviços digitais. A logística se aperfeiçoou e todos tivemos de adaptar nossas rotinas a esse contexto. Oportunidade para muitos que entenderam esse novo canal de venda despontando e, por outro lado, motivo de queda para aqueles que não conseguiram se adaptar tão rapidamente.

Nas salas de aula, assim como na agência, é comum ouvir de alunos e clientes: *"entendo que o marketing e as mídias digitais são necessárias, mas por onde eu devo começar? Onde eu devo investir? Quais canais eu devo escolher?"*.

As opções são amplas e obter essas respostas parece fácil com a quantidade de informações disponíveis, mas sem um entendimento anterior sobre como atua cada canal digital, que resultados podem nos oferecer e como se complementam não é fácil fazer uma escolha. Por vezes, escuto: "Já perdi muito investimento, sem obter resultados concretos", como consequência de esforços realizados sem entendimento e planejamento prévios.

Alguns dos erros cometidos com frequência são a falta de conhecimento e da definição clara dos objetivos e dos resultados pretendidos. Muitos também pensam que a marca por si só irá alavancar vendas e deixam de lado a inovação e o diferencial competitivo.

Quando adentramos no campo da divulgação no meio digital, objetivo-chave deste livro, entendemos que é necessário ter em mente dois pilares complementares: conteúdo relevante e mídias de performance. E por que não é possível desvincular um do outro? Sem conteúdo, não há credibilidade, e sem credibilidade nenhuma mídia digital irá funcionar.

Pensar em um cenário 360°, em que temos a construção de autoridade da marca e conteúdo consistente, aliados à seleção das melhores mídias digitais, é o primeiro passo para se obter sucesso em ambiente digital.

Foi pensando nesse cenário que a proposta deste livro foi feita, tendo como objetivo:

- *responder os questionamentos frequentes de quem quer entrar ou já está com sua empresa no meio digital;*
- *entender o papel de cada mídia digital e como elas se complementam;*
- *visualizar onde está o seu negócio, onde você quer chegar e quais caminhos escolher.*

Não iremos nos ater aos conceitos essenciais de marketing, sobre os quais você poderá obter respostas em excelentes bibliografias publicadas por Philip Kotler, Michael Porter ou Seth Godin, mas queremos, sim, mostrar de forma acessível a atuação tática de cada mídia digital e como você pode ter resultados concretos em cada uma delas.

Nesse sentido, a obra foi estruturada em dez capítulos, abordando inicialmente a etapa de planejamento, para depois nos centrarmos em mídia. Em cada capítulo, você encontrará os objetivos, as estratégias, as dicas e os resultados esperados de cada mídia digital.

Espero que este livro ajude você, leitor, a entender os diversos recursos que pode utilizar para divulgar sua empresa no universo digital, selecionando e escolhendo de forma correta as mídias para alavancar seu negócio.

Utilizando a tecnologia

Para melhor utilização deste livro, baixe em seu celular um aplicativo para a leitura de QR Codes. Nós aconselhamos o uso do Leitor QR, da empresa TeaCapps, disponível gratuitamente nos sistemas Android e IOS.

De todas as formas, você pode escolher o aplicativo que lhe for mais conveniente, basta pesquisar por QR Code gratuito e fazer o download em seu celular. Existem inúmeras possibilidades!

Com o aplicativo em seu celular, você poderá escanear os códigos e ser direcionado a conteúdos complementares, para um entendimento mais aprofundado de cada tema, experimentando a integração do físico com o digital. Assim, poderá notar como as plataformas se complementam.

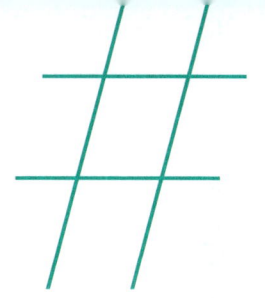

1
Planejamento digital: onde tudo começa

Com o crescimento dos canais digitais e seu consumo cada dia mais frequente, é comum que haja dúvidas na hora de escolher como divulgar os seus produtos e serviços na internet. *Por onde começar? Em quais canais devo direcionar meus esforços?*

Realizar um bom planejamento é um divisor de águas, pois, traçando objetivos claros e estratégias muito bem definidas, é possível fazer a escolha correta dos canais e visualizar claramente os esforços necessários para alcançar as suas metas.

Esse cuidado previne surpresas e consequente perda de investimentos decorrentes de ações mal elaboradas. Centenas de e-commerces logo no início de suas operações se deparam com dificuldades em razão dos altos investimentos de marketing, baixo retorno em vendas e acesso restrito a tecnologias, inviabilizando o negócio.

Diferentemente do que muitos pensam, o marketing digital requer altos esforços, análises profundas e investimento em tecnologia, por isso planejar é algo tão necessário. Você pode se perguntar: *mas é necessário planejamento para se iniciar uma pequena campanha?* A resposta é SIM! Caso contrário, você irá se deparar com uma série de ajustes que terão de ser feitos ou provavelmente essa pequena campanha não dará certo.

Passos iniciais

Entendendo os termos

Marketing digital, mídias digitais e mídias sociais são termos ampla-mente utilizados quando pensamos em divulgação on-line. Mas qual a diferença entre eles?

O marketing digital engloba todas as ações de divulgação que podem ser realizadas por meio da tecnologia digital, entre elas as mídias digi-tais, as mídias sociais, os eventos digitais e a assessoria de imprensa, por exemplo.

Já as mídias digitais abrangem todos os canais de divulgação no meio digital, sendo eles sociais ou não. Um site e uma campanha no Google são considerados mídias digitais, assim como todas as redes sociais.

E, por último, quando citamos as mídias sociais, referimo-nos a toda mídia que oferece interação com os usuários, e por isso são chamadas de sociais. Nelas estão incluídas as conhecidas plataformas Facebook, Instagram e LinkedIn, além de todos os blogs, fóruns e chats.

Uma vez entendida a diferença de onde podemos atuar no ambiente digital, devemos iniciar nosso planejamento de campanha pensando no ambiente digital como um todo, onde sua marca está posicionada diante da concorrência, quais os pontos fortes e fracos e quais cami-nhos devemos investir tempo e recursos.

Planejamento de campanha

O planejamento de uma campanha de marketing digital é dividido em três etapas principais: justificativa, plano de ação e monitoramento.

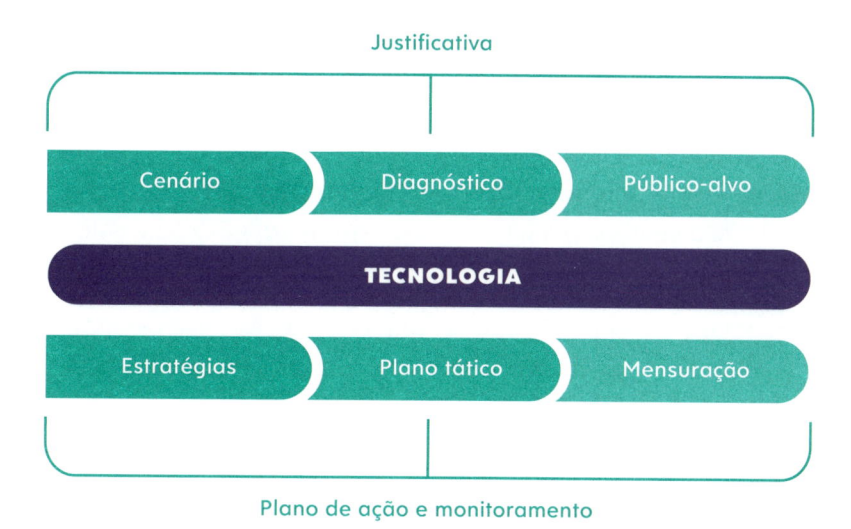

Figura 1.1. Etapas de planejamento do marketing digital.

Justificativa

Compreender o cenário digital no qual o seu negócio está inserido é o primeiro passo para perceber oportunidades e desafios potenciais.

A utilização de softwares auxilia no entendimento da concorrência no contexto digital, captando informações sobre os principais players de mercado, os canais de divulgação e o ranking orgânico, entre outros dados importantes, para que você possa saber onde está, em comparação com os seus concorrentes em ambiente digital.

Concorrer com os grandes players do varejo ou até mesmo de serviços pode ser um desafio, em razão dos altos investimentos e audiência que já têm no mercado. Por isso, quanto mais alta a concorrência no mercado digital, maior deve ser a cautela e o planejamento na avaliação de todas as oportunidades e riscos envolvidos.

Mas como podemos detectar esse nível de concorrência no mercado digital, com tantas informações pulverizadas disponíveis?

Existem softwares capazes de consolidar esse Big Data do cenário externo ao seu canal de venda, trazendo relatórios completos que ajudam nessa análise. Um dos maiores do mercado é o SimilarWeb, que possibilita comparar importantes informações sobre o posicionamento de um site em relação aos seus principais concorrentes em ambiente digital e assim ter um parâmetro sobre seu desempenho – pontos fortes e índices que precisam melhorar.

Para um melhor entendimento de como esse cenário é apresentado, a imagem a seguir, extraída do software SimilarWeb, demonstra um exemplo fictício de posicionamento de um site em relação a seus quatro principais concorrentes, destacando o concorrente 2 como líder em praticamente todos os aspectos: número de visitas mensais, visitantes únicos, média de tempo de permanência do usuário no site e visualização de páginas.

Engagement ⓘ
Apr 2019 - Jun 2019, 🌐 Mundial

Domain	Monthly Visit	Unique Visitor	Visits / Unique Visi	Avg. Visit Durati	Pages/Visi
Concorrente 1	124,198	53,026	2.34	00:01:30	1.80
Concorrente 2	🏆 311,027	🏆 112,319	2.77	🏆 00:02:54	🏆 3.20
Concorrente 3	12,656	< 5,000	3.09	00:02:31	2.34
Concorrente 4	43,115	13,461	🏆 3.20	00:02:53	2.67
Concorrente 5	31,423	13,655	2.30	00:02:06	2.49

Figura 1.2. Comparativo de posicionamento, considerando cinco concorrentes de mercado (exemplo fictício). Captura de tela do software SimilarWeb, do período de abril a junho de 2019.

Para analisar por que o concorrente 2 detém a liderança, é necessário entender as estratégias de marketing adotadas, assim como seu posicionamento no mercado. Se resgatarmos os 4Ps de marketing tão difundidos por Philip Kotler, adaptados ao cenário digital – produto, preço, praça e promoção –, podemos ver com clareza como os concorrentes estão posicionados e onde é necessário melhorar.

Quadro 1.1. Os 4Ps em ambiente digital

4Ps	Análise de concorrência no mercado digital
Produto	Os produtos ou serviços ofertados no site são de qualidade e possuem diferenciais competitivos entre os concorrentes digitais?
Preço	O preço é competitivo em relação à concorrência digital? Os concorrentes disponibilizam benefícios, cupons de descontos, frete grátis? Todas essas variáveis devem ser levadas em consideração na análise de precificação e concorrência digital.
Praça	O site oferece uma boa usabilidade em toda a jornada do usuário? As imagens são de qualidade e as informações sobre produtos, preços, formas de pagamento e prazos são claras para o consumidor? A compra é realizada de forma rápida e intuitiva?
Promoção	Que ativações de marketing devem ser realizadas, após ter sido feita a análise da concorrência? Quais canais geram melhores resultados?

Voltando ao concorrente 2 e entendendo que ele é o melhor parâmetro, podemos nos aprofundar no P de promoção, que é foco deste livro, e estudar onde ele concentra seus investimentos e esforços de marketing digital. Para a realização dessa análise, é importante compreender quais canais direcionam os usuários para o site ou canal de venda.

Quanto maior o número de visitantes qualificados em um site ou canal de venda, maior a probabilidade de conversão em vendas. Logo, nosso objetivo focal deve ser aumentar o tráfego de usuários qualificados para o canal de venda digital, para assim aumentar a probabilidade de conversão.

No gráfico a seguir, podemos observar que as principais fontes de tráfego relacionadas ao site do concorrente 2 são: tráfego direto, ou seja, quem digita o endereço do site e o acessa diretamente, seguido do tráfego orgânico e, em terceiro lugar, o tráfego gerado pela busca paga.

O tráfego direto está associado com a lembrança de marca e referência de mercado. Comumente, para acessar o site de uma empresa, o usuário primeiro realiza uma pesquisa em um buscador, como o Google, e encontra o site, para assim ser redirecionado. Logo, se o usuário lembra e digita diretamente a URL do site sem passar antes por um buscador, isso significa que essa empresa está bem posicionada e com uma boa lembrança de marca junto ao seu público-alvo.

Já o tráfego orgânico ocorre quando o usuário é direcionado para o seu site a partir de uma busca orgânica. Ou seja, você digita um termo em um buscador e o seu site aparece nas primeiras opções de busca, sem nenhum investimento em publicidade. Sites com bom tráfego orgânico são aqueles considerados pelos buscadores como relevantes, ou seja, que apostam seus esforços em conteúdos relevantes e que apresentam boa usabilidade. Se pensarmos que a maior parte dos usuários utiliza este recurso para encontrar um site, estar entre as primeiras posições de um termo importante para sua empresa é fundamental – nos próximos capítulos, veremos como trabalhar um bom conteúdo para alcançar esse posicionamento.

E, por último, parte dos investimentos e esforços do concorrente 2 estão direcionados para a busca paga, que são os termos patrocinados, em buscadores como Google, Bing e Yahoo.

Uma vez entendido o cenário externo, partimos para a captação das informações internas, ou seja, estudamos o comportamento do usuário após entrar no site ou no canal de venda em questão.

A melhor fonte de informações sobre o comportamento de usuários no seu site pode ser adquirida pela plataforma de dados web analytics, que possibilita verificar as páginas de produtos ou serviços mais acessados, as taxas de conversão, os índices de abandono,

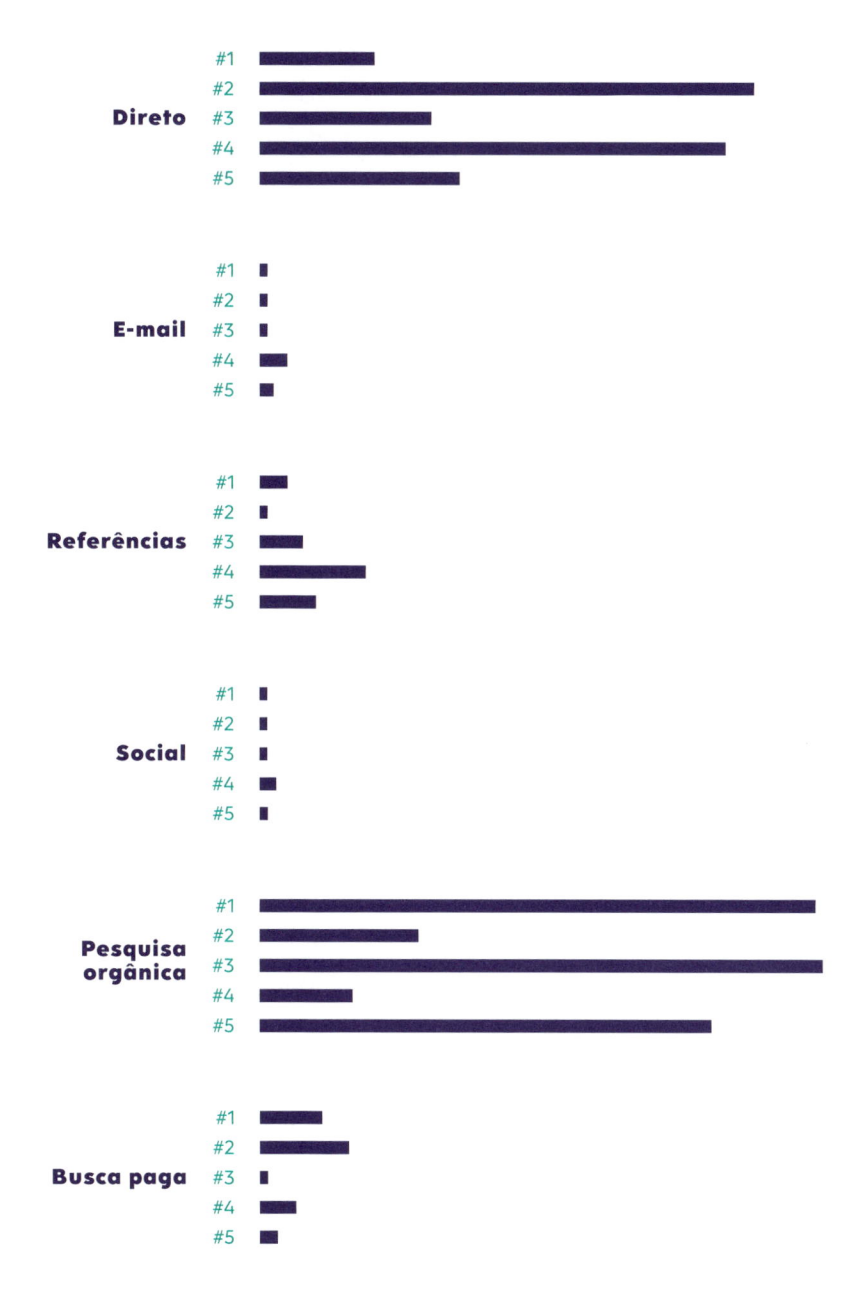

Figura 1.3. Comparativo de fontes de tráfego, considerando cinco concorrentes de mercado (exemplo fictício). Dados obtidos do software SimilarWeb.

as regiões-foco do seu negócio e as principais fontes de tráfego, entre outras importantes informações.

Ao analisar o comportamento dos usuários que visitaram seu site, é possível detectar se eles são ou não qualificados. Mas como saber?

Conforme veremos com detalhe no próximo capítulo, algumas métricas nos ajudam a entender esse comportamento, sendo a principal delas a taxa de conversão. Por exemplo, se temos uma alta taxa de conversão proveniente de busca paga, podemos entender que estamos com uma campanha bem qualificada nos buscadores, direcionando usuários que realizam transações no seu site. Já se a fonte de tráfego foi o display (anúncios) e foi constatada uma alta taxa de abandono ou um tempo de permanência muito baixo por parte dos usuários que visitam seu site, temos de rever em quais canais estamos publicando os banners da campanha, pois eles estão direcionando usuários desqualificados.

A taxa de abandono, indicando os usuários que entram no seu site e em alguns segundos o abandonam, e o tempo de permanência de navegação no site são duas importantes métricas que permitem que entendamos se o usuário direcionado para o seu site é ou não qualificado, além da taxa de conversão e receita, que sempre será a métrica principal de qualificação.

É importante lembrar também que o tempo de permanência varia de acordo com o portfólio disponibilizado e a usabilidade do site. Sites com maior número de produtos e boa usabilidade tendem a ter uma permanência maior por parte dos usuários.

Assim, ao detectar usuários qualificados para o canal de venda, é necessário investir na retenção, para que tenhamos uma maior conversão de usuários em clientes.

A retenção depende de inúmeras variáveis. Lembrando os 4Ps de Kotler, o seu site ou a sua loja virtual é o seu ponto de venda, logo a usabilidade, a clareza de informações e a imagem dos produtos vão representar a sua *praça*. Todos gostam de entrar em uma loja bonita, com informações rápidas e claras, e principalmente com *produtos* de qualidade. Assim deve ser o seu ponto de venda virtual.

Além disso, o fator *preço* deve estar muito bem equiparado, já que no ambiente on-line o usuário é um nato e livre pesquisador. Já a *promoção* no mundo digital deve rastrear esse usuário de forma inteligente e não invasiva para planejar ações de marketing, como veremos nos próximos capítulos.

Consolidando essas duas fontes de dados, o cenário externo a um site ou canal de venda e o comportamento interno do usuário após acessar um site, é possível traçar um comparativo entre *onde estou × onde preciso estar* e partir para o diagnóstico do problema.

DIAGNÓSTICO DO PROBLEMA

Retornando ao caso do concorrente 2, entendemos que suas fontes mais preciosas de tráfego são o direto, o orgânico e a busca paga. O tráfego direto depende dos esforços de marca como um todo e está muito relacionado com a liderança de mercado, ou seja, ele reflete todas as ações de marketing e comerciais realizadas junto ao seu público. Com isso, se os esforços de marketing obtiverem sucesso, os números refletirão no tráfego direto.

Entendido que esse tráfego depende dos demais, como diagnóstico a concorrência teria de concentrar esforços no tráfego orgânico, aumentando a relevância do site e do conteúdo, assim como na busca paga.

Pensando que no nosso exemplo o concorrente 2 é o principal competidor, na vida real, para se equiparar a um concorrente como ele, seria necessário buscar as seguintes respostas:

- *Como são realizados os trabalhos de relevância e conteúdo do seu site? Ele está otimizado, adotando as melhores práticas de SEO?*

- *Você realiza campanhas de busca paga?*

- *Como você está posicionado nas fontes de tráfego direto e orgânico, quando comparado à concorrência?*

- *Existe algum nicho não explorado pelo concorrente, que permitiria maior entrada no mercado?*

- *E, por fim, que plano de ação deve ser adotado para gerar melhores resultados?*

Plano de ação: estratégias, plano tático e monitoramento

As estratégias que serão adotadas no planejamento deverão alcançar os objetivos de marketing e comunicação. Ou seja, se o objetivo de marketing for "aumentar as vendas do e-commerce em 20% nos três primeiros meses do ano", nas estratégias devemos responder como alcançar esse resultado de forma clara e objetiva.

Pensando em um perfil de concorrência similar ao concorrente 2 e entendido que o foco dos esforços deve ser em técnicas de SEO (search engine optimization) e em campanhas nas redes de busca, podemos citar duas estratégias que poderiam ser aplicadas:

- aumentar a quantidade de conteúdos e otimizá-los com técnicas de SEO para melhorar o seu posicionamento orgânico entre os termos relevantes para sua empresa;

- selecionar a rede de busca como uma das principais mídias digitais para o seu negócio e redistribuir os investimentos, concentrando a maior parte para as campanhas nos buscadores.

Definidas as estratégias, é hora de definir as ações. O plano tático corresponde ao conjunto de ações que serão realizadas para o cumprimento das estratégias. Todos os detalhes correspondentes às ações devem constar nesse plano, assim como os investimentos para cada uma delas.

Nesta etapa, é importante a criação de uma planilha com as ações que serão realizadas, especificando as mídias digitais selecionadas, os fornecedores envolvidos, o alcance potencial, a geolocalização da campanha, o período, os investimentos e os resultados esperados.

Com a aprovação do plano tático, a campanha já pode ser iniciada! Quando se trata de marketing digital, esse é apenas o começo, pois somente com monitoramento contínuo e análise de dados podemos verificar se os resultados estão sendo ou não positivos.

Planejamento mobile

O planejamento digital deve ser pensado de forma 360º, abrangendo seus objetivos, estratégias e ações, assim como posicionamento de mercado e tecnologias envolvidas.

O posicionamento de mercado que uma marca conquista no âmbito digital engloba toda a experiência do consumidor junto ao seu canal de venda, desde a entrada no site, à visualização de produtos, seleção e inserção no carrinho, compra e pós-venda. Neste livro, destacamos o planejamento de marketing digital com foco na seleção das mídias de divulgação, mas se o seu ambiente virtual não for competitivo ou se o usuário não tiver uma boa experiência de compra, os esforços de sua campanha provavelmente não refletirão nos resultados esperados.

Dentro desse cenário também está o nível de tecnologia oferecido. Quando se trata da experiência do usuário em ambiente digital, a usabilidade, a rapidez e a segurança são pontos que devem ser considerados para a escalada digital da sua empresa.

Quando falamos em usabilidade, temos de destacar o aumento crescente de usuários que acessam e compram via dispositivos mobile. Segundo dados da pesquisa *Digital in 2019*, elaborada pela We are Social e Hootsuite, chega a 66% o número de internautas brasileiros que acessam sites via dispositivo mobile. Outro dado a ser observado, publicado pela Mobile Time e Opinion Box, e divulgado pela Mercado & Consumo, é de que 85% dos entrevistados já realizaram alguma compra por meio de dispositivos celulares.

Este movimento é impulsionado pelas *startups* de serviços que possuem tecnologias dedicadas a dispositivos celulares, acompanhando essa crescente demanda gerada pelos usuários.

Nesse contexto, também não podemos deixar de pensar no marketing digital para usuários via dispositivo celular e realizar campanhas focadas nesse público. As mídias digitais já possuem anúncios específicos para celulares, como é o exemplo das campanhas ativadas no Google com extensão de chamada, alcançando altas taxas de cliques em razão da facilidade de se realizar uma chamada e entrar em contato com a empresa. Redes de sites com foco 100% em usuários de dispositivos celulares e aplicativos também já estão inseridas no Brasil, assim como campanhas em redes sociais, nas quais sua maior parcela de usuários acessam via mobile.

A tecnologia tem avançado para essa nova realidade e atualmente já é possível veicular campanhas totalmente direcionadas para a divulgação de aplicativos, com possibilidade de rastreio de downloads e monitoramento das ações dos usuários utilizando o app. Esse rastreio possibilita o entendimento se o usuário realizou o download e interagiu por meio do aplicativo, realizando o seu cadastro ou finalizando uma transação.

Como exemplo, podemos ativar uma campanha nas redes sociais, com anúncios focados na performance dos aplicativos, rastrear seus downloads e a ativação realizada pelo usuário no app. Desta forma, é possível entender se o usuário que realizou o download é qualificado e assim comprovar a eficácia dos investimentos.

Ou seja, já temos tecnologia avançada para implementar campanhas com rastreabilidade de resultados, basta entendermos onde estamos e para onde queremos seguir, a partir de um bom planejamento.

Dicas importantes

#1. Utilize softwares para analisar o cenário

Os softwares são consolidadores de dados que traduzem informações deixadas pelos usuários em números importantes para a análise de mercado, de posicionamento e de concorrência. Softwares como SimilarWeb e Alexa consolidam dados, permitindo o entendimento do posicionamento do seu site e da concorrência na internet. Ambos possuem uma versão gratuita restrita e vale a pena consultá-los.

Similarweb

https://www.similarweb.com/

Alexa

https://www.alexa.com/

#2. Não pule etapas

A ansiedade por ver seu site vendendo e suas campanhas no ar podem induzir você a pular etapas do planejamento. É importante criar e analisar cada etapa, assim temos parâmetro para verificar se a campanha deu certo ou não. Quando não realizamos esse passo anterior, comumente nos frustramos por achar que a campanha teve um baixo resultado, com ações dispersas e sem um objetivo claro e específico. Campanhas bem planejadas atendem aos resultados esperados, com indicadores de performance para cada ação.

#3. Versão mobile × desktop

Levar o consumidor para um site que não está preparado para o ambiente mobile é ter uma alta taxa de rejeição quase certa! O usuário em um dispositivo celular busca por informações rápidas, por isso o seu site nesse ambiente deve transmitir apenas as informações mais importantes, de forma clara e direta, com poucos passos para as páginas de carrinho e check out. Diferentemente de um site na versão desktop, com espaço para a inserção de informações e imagens, o ambiente mobile possui um espaço pequeno para comunicar e vender um produto ou serviço. Por isso, antes de começar uma campanha e realizar investimentos nela, analise as plataformas desktop e mobile de formas distintas, pensando na usabilidade e na jornada do usuário. Coloque apenas as informações mais importantes na plataforma mobile, permitindo que o usuário encontre o que busca de forma simples e clara.

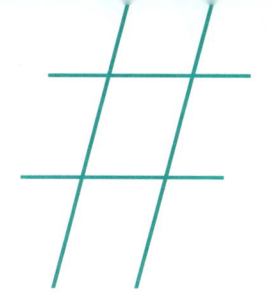

2
Estratégias digitais: fontes de tráfego × objetivos

Como vimos no capítulo anterior, a análise das fontes de tráfego de um site deve fazer parte da rotina diária dos profissionais de comunicação e marketing digital, pois possibilita a criação de estratégias e objetivos precisos. É com base nesses dados que entendemos qual canal é relevante, tanto em termos de conversão quanto em qualificação da audiência, permitindo também identificar públicos potenciais para o negócio.

Fontes de tráfego

As fontes de tráfego são os geradores de audiência, ou seja, são os canais que levam os usuários a visitar um determinado site. Existem inúmeros canais digitais que podem gerar audiência. Entre eles, os principais são: busca orgânica, busca paga, tráfego direto, sites de referência, display, mídias sociais, mídia pagas e e-mail marketing.

Busca orgânica

Se você realizou uma pesquisa em um buscador e seu site apareceu logo nas primeiras posições, sem nenhum investimento, então ele está bem indexado organicamente, ou seja, seu conteúdo é detectado como relevante pelos motores de busca para aquela determinada pesquisa.

Todo direcionamento de um usuário gerado por essa busca será detectado como busca orgânica em uma plataforma web analytics.

Gerar tráfego para seu site sem ter altos investimentos aportados seria o ideal, mas nem sempre estar nas primeiras posições é fácil. A competição com os grandes players para a indexação de palavras-chave relevantes ao negócio é forte, por isso aposte em estratégias diferenciadas para alcançar um maior tráfego orgânico.

Por exemplo, se você tem um site de aluguel de carros, a principal palavra-chave para o seu negócio provavelmente será: "aluguel de carro". Seria o sonho de qualquer empresa desse setor estar nas primeiras posições de busca quando o usuário digitasse esse termo, porém o nível de dificuldade e competitividade é muito maior se comparado a outros termos complementares, como "aluguel de carro blindado" ou "aluguel de carro para neve". As buscas podem ser menores, mas, se multiplicados os termos complementares, os resultados poderão ser surpreendentes.

Essa fonte de tráfego deve ser sua principal ou no máximo sua segunda fonte de tráfego com maior índice de visitantes e conversões. Não ter essa fonte de tráfego no topo pode refletir em um e-commerce dependente de investimentos, o que não é um cenário saudável, pois pode acarretar margens baixas e receita líquida quase inexistente.

Busca paga

O usuário foi direcionado ao site a partir de anúncios provenientes de um buscador? Esses anúncios são chamados de links patrocinados, comercializados por buscadores, como Google, Bing e Yahoo, entre outros.

Como o próprio nome diz, esses anúncios de texto possuem links, que direcionam os usuários para páginas específicas de um site. Eles aparecem quando o usuário faz uma busca por determinados termos, chamados de palavras-chave patrocinadas.

E por que fazem tanto sucesso?

Quem nunca utilizou o Google para fazer uma pesquisa rápida, buscando um restaurante próximo para almoçar ou mais informações para planejar uma viagem futura, por exemplo? Os buscadores elencam conteúdos relevantes e por isso são os mecanismos mais utilizados no mundo web.

Segundo relatório divulgado pela assistente virtual da Amazon.com, a Alexa, que realiza análises competitivas na internet, o domínio *www.google.com* é o mais acessado no Brasil, seguido do *www.youtube.com* e, em terceira posição, o *www.google.com.br*. Ou seja, a busca por informação é o que mais leva o usuário a navegar pela internet.

Com isso, não é difícil imaginar que os links patrocinados são um total sucesso, já que aparecem em destaque na tela de buscadores e impactam o usuário que tem intenção de compra, ou seja, o anúncio aparecerá para um usuário que está buscando um produto ou serviço que necessita em curto ou médio prazo.

Os links patrocinados geram altas taxas de conversão, sendo responsáveis pelos maiores investimentos no universo digital. Muitos empresários investem praticamente 100% de seu investimento de marketing na busca paga, o que é um erro, pois não podemos concentrar todo o esforço de marketing em um único canal. De toda forma, alocar investimentos em canais que geram maior conversão não é errado, uma vez que apresentam taxas de conversão.

Figura 2.1. Comparativo de resultados no buscador, mostrando casos de busca paga e de busca orgânica. Captura de tela do Google, em maio de 2020.

Display

Quando são mostrados banners em um portal, blog ou qualquer outra página web que direcionam os usuários a um site, a fonte de tráfego desse usuário será nomeada na ferramenta Analytics como *display*.

Os banners são os formatos mais comuns de anúncios na internet e há tempos vem sendo questionado o real resultado que esses formatos geram para os anunciantes.

Os resultados são constantemente questionados, pois quando analisamos a fonte de tráfego "display" e comparamos seus resultados com aqueles gerados pela busca orgânica e pela busca paga, encontramos números consideravelmente menores de tráfego de usuários e conversão.

Mas, afinal, os famosos banners dão resultados efetivos?

A fim de melhorar os resultados e impactos, os banners vem se diferenciando cada dia mais, com formatos dinâmicos conhecidos como rich media, que permitem animações e interações. Em alguns casos, são desenvolvidos games interativos que estimulam o usuário a ter contato com a marca. A vantagem desses formatos são os níveis de interação substancialmente maiores e, consequentemente, os impactos gerados.

O IAB (Interactive Advertising Bureau) é o órgão responsável por regulamentar formatos padrões de banners compatíveis com todos os sites no mundo. Essa regulamentação permite a veiculação de uma campanha global em milhares de sites com uma mesma peça publicitária. A pulverização desses banners para uma campanha com objetivo de lembrança de marca ou de remarketing, por exemplo, é fundamental.

Atualmente, existem plataformas que permitem metrificar a taxa de engajamento, interação e visualização dos banners, o que auxilia no entendimento dos resultados.

Quando compreendemos o objetivo de cada canal de mídia, é mais fácil de interpretar esses resultados e julgá-los de forma adequada. Diferentemente de uma busca patrocinada, que impacta o usuário no momento de compra, os anúncios em display aparecem enquanto os usuários navegam na internet sem objetivos definidos. Ou seja, por obviedade, a taxa de cliques desta categoria de anúncios será consideravelmente menor comparada à de um link patrocinado, já que o leitor não tem a intenção de comprar ou saber mais sobre aquele produto ou serviço naquele momento.

Por outro lado, o link patrocinado não é capaz de comunicar a linha de comunicação de uma campanha, imagem de marca ou logotipo, entre outros fatores visuais que os banners permitem.

Ou seja, se o seu objetivo é gerar fortalecimento, lembrança de marca ou lançamento de um produto ou serviço, este é o melhor canal para isso, pois ele irá sustentar uma campanha e favorecerá de forma mais efetiva a lembrança de marca.

Segundo a pesquisa AdSpend 2019, realizada pelo IAB Brasil, 34% dos investimentos em mídia em 2018 foram aplicados em mídia display, em formatos como banners estáticos, rich medias e native ads, entre outros, perdendo apenas para as campanhas de vídeo, que entram com representatividade de 38% do investimento. Esses dados levam à conclusão de que os anunciantes entendem os resultados que estes formatos geram e sua complementariedade em uma campanha.

Nos próximos capítulos, entenderemos as ferramentas disponíveis para realizar uma campanha efetiva em formato display.

Sites de referência

Quando analisamos os resultados de uma campanha, o fator *indicação* geralmente está no topo na lista. Não é à toa que campanhas de "indique e ganhe" são cada vez mais populares na internet. Os sites que indicam um outro site são contabilizados na ferramenta web analytics como sites de referência.

As origens desse tráfego podem ser inúmeras, como: parcerias com blogs de conteúdo, sites com produtos complementares, patrocínios, órgãos regulamentadores que fazem indicações de estabelecimentos, estratégias em sites de cuponagem, influenciadores, redes de afiliados, entre muitos outros.

Essa fonte de tráfego pode se tornar muito importante se quem está lhe recomendando for de alta relevância. Por exemplo, sites governamentais, regulatórios, parcerias com grandes players ou até mesmo uma estratégia com influenciadores estratégicos podem elevar – e muito – o tráfego referencial.

É importante lembrar que esta fonte de tráfego pode ser gratuita ou comissionada. Diferentemente da busca paga ou display, que é realizada com investimentos por cliques ou impressões sem a garantia de conversão, o tráfego por referência pode ser negociado no formato de parcerias, em que se paga uma comissão com a confirmação de compra de um produto ou serviço.

Por exemplo, se você possui um e-commerce de produtos *fitness* e quer utilizar os sites de referência como estratégia de marketing, sua equipe pode realizar algumas parcerias com blogs de saúde e alimentação saudável. Esses blogs gerarão um tráfego referencial para seu site de forma gratuita e, quando for realizada uma transação no e-commerce por meio dessa parceria, é efetuado o pagamento de uma comissão a esses blogueiros.

É importante ter como ponto de atenção que os sites de referência devem ser selecionados de forma cautelosa. Eles podem ser muito benéficos para o aumento de tráfego e conversão, porém, se o link externo provém de um site considerado *spam* ou de baixa qualidade pelos motores de busca, essa referência poderá impactar no posicionamento do ranking orgânico do seu site e prejudicar a reputação da sua marca.

Tráfego direto

Toda vez que um usuário digita a URL do site no navegador, sem passar por um buscador, esse tráfego é nomeado como "direto".

O tráfego direto está relacionado à lembrança de marca. E-commerces com alta lembrança de marca tendem a ter um alto tráfego direto, pois o usuário já tem o hábito do acesso.

Para se obter um maior tráfego direto, pode-se realizar ações de marketing complementares, como patrocínios, mídias off-line, ações em pontos de venda, entre outros. Por exemplo, é comum verificar o aumento do tráfego direto quando se inicia uma campanha off-line em rádio e TV. Essa é uma das formas de verificação da efetividade desses canais.

Mídias sociais

As redes sociais estão em constante mudança e cada uma delas tem um perfil específico de usuários e comunicação que deve ser analisada. O consumidor que está navegando no Instagram pode ser o mesmo que vai ao LinkedIn, mas com certeza ele buscará informações distintas em cada uma dessas plataformas.

Quando falamos da geração de tráfego em um site por meio das redes sociais, precisamos primeiro dar um passo para trás e se perguntar: quantas vezes clicamos em um link de uma rede social para comprar um produto?

As redes sociais são responsáveis por boa parte do tráfego de um site, mas dificilmente estarão no topo do ranking, pois quando estamos navegando no Facebook ou no Instagram por exemplo, queremos permanecer na plataforma. Para que o usuário decida visitar um outro site, a mensagem deve ser impactante ou se tratar de uma oportunidade muito boa.

Ainda assim, muitos anunciantes transformaram essas plataformas em lojas virtuais, canal de venda de apoio ou ainda como uma das principais fontes de conversão.

Categorias como moda, *fitness* e viagem são altamente consumidas nas redes sociais. As parcerias com influenciadores digitais aumentam diariamente, trazendo maior relevância e vendas impulsionadas por mídias sociais.

Entender esse comportamento do usuário é importante para a definição das estratégias e a seleção das mídias sociais para as quais devemos direcionar esforços. Não ter um excelente tráfego ou conversão em curto prazo não quer dizer que a rede social não será extremamente eficaz na conversão em médio prazo, dado que ela é uma ótima ferramenta para lembrança de marca, interação e engajamento com os usuários.

Além disso, as mídias sociais possuem a vantagem de poder se adaptar a infinitos formatos e segmentações para impactar um determinado público, no momento ideal.

E-mail marketing

Nas campanhas digitais, é muito comum ter o e-mail marketing como protagonista dos canais de divulgação, mas entender a comunicação, a quantidade e a frequência dos disparos ainda é difícil para a maior parte das empresas. A preocupação é grande para que a comunicação não se torne cansativa e, consequentemente, caia em um possível descadastro ou simplesmente não gere interesse por parte do usuário.

Para evitar o aumento de descadastros e a maior efetividade da ferramenta, equipes têm se dedicado a entender como e quando impactar esses usuários, utilizando tecnologias adequadas.

A comunicação personalizada, aliada ao momento de compra, traz resultados muito mais efetivos do que um simples disparo para uma base geral, dado que os usuários se identificam com o e-mail que responde às suas necessidades.

Os principais responsáveis por essa identificação são os conhecidos e-mails transacionais, ou seja, que impactam o usuário que estava no meio de uma transação de compra. Eles são os maiores responsáveis pelas taxas de conversão e tráfego por e-mail marketing.

O e-mail transacional pode impactar o usuário em diversos momentos: quando os visitantes abandonaram o site na homepage ou em páginas específicas, no abandono após ter sido selecionado um produto e inserido no carrinho, no abandono na página de check out, na qual deixamos nossos dados e até mesmo no pós-compra.

É possível trabalhar com mensagens específicas para cada etapa desse fluxo de compra e impactar de forma amigável esse usuário. Quando o visitante abandona um site em uma página inicial, entende-se que o interesse dele ainda não é tão grande, quando comparado ao usuário que abandona o site após ter selecionado o produto e inserido no carrinho. No primeiro caso, podemos enviar um e-mail com uma comunicação mais leve e genérica; no segundo, podemos trabalhar uma mensagem totalmente personalizada.

Entender e planejar esse fluxo de comunicação deixará sua mensagem mais inteligente e com maior empatia junto ao seu público.

Analisando as fontes de tráfego

As informações sobre as fontes de tráfego são captadas pelas plataformas web analytics, que analisam todas as entradas de tráfego de usuários em um site, páginas principais, abandonos e conversões. Atualmente, o Google possui a mais popular ferramenta, chamada de Google Analytics, disponibilizada de forma gratuita às empresas. Além do Google, existem outras empresas que oferecem plataformas semelhantes, como é o caso da Adobe, com a Adobe Analytics, também amplamente utilizada.

Identificar os canais que geraram tráfego com usuários qualificados, ou seja, que gostariam de obter mais informações sobre os seus produtos e serviços ou que têm interesse de compra, pode ser possível analisando duas métricas importantes que a plataforma Analytics fornece: o tempo médio que os usuários navegaram no site e a taxa de rejeição.

Como o próprio nome diz, tempo médio é a minutagem e a secundagem média que os usuários permaneceram no site, e varia de acordo com a categoria de cada site e objetivos. Por exemplo, um e-commerce com grande portfólio de produtos ou portais de conteúdo tendem a ter um tempo médio de navegação elevado. Já empresas com foco em poucos produtos ou em serviços obrigatórios ou específicos tenderão a ter um tempo de navegação menor. Para julgar o tempo médio, é necessário analisar o processo de compra, usabilidade e categoria do site.

Já a taxa de rejeição indica quando um usuário entra em um site e em menos de um segundo o abandona. Esse número pode ter inúmeras explicações e deve ser analisado com cautela.

Um usuário que abandonou um site em menos de um segundo com certeza não corresponde a uma audiência relevante, mas é necessário verificar se você não está cometendo erros que poderiam induzir o usuário a esse comportamento. Veja a seguir o que NÃO fazer.

- **Direcionar um anúncio para a homepage do site:** se o usuário clicar no banner de uma promoção de tênis, por exemplo, e for direcionado para a homepage em que estão todos os sapatos, a chance de abandono é muito maior do que se tivesse sido direcionado para uma landing page com maiores detalhes da promoção do tênis específico. Direcionar para páginas com mensagens específicas e complementares ao anúncio diminuem a taxa de rejeição.

- **Criar anúncios invasivos:** você já entrou em um site onde pularam na sua tela inúmeros banners promocionais e você tentou fechar ou sair deles e terminou sendo redirecionado para outro site? Formatos de anúncio invasivos devem ser evitados. Muitas empresas acham interessante ter um anúncio como principal destaque em um portal ou canal de divulgação, mas, se esse formato atrapalhar a navegabilidade do usuário, ele poderá ser direcionado ao seu site sem nenhum interesse, resultando em uma alta taxa de abandono.

Se a taxa de rejeição for alta e você tiver pago por esse tráfego, certamente o caminho não está bom! Conforme indica o time de suporte do Google, quando houver uma taxa de rejeição alta, é preciso verificar se isso ocorre em relação a todas as páginas do seu site ou se é algo específico. Neste último caso, analise se o conteúdo da página é relevante e se oferece instruções claras para que o usuário possa realizar as próximas etapas de uma compra, por exemplo. Caso o usuário tenha sido direcionado por um anúncio em rede de display, avalie se o anúncio é compatível com o conteúdo da página, e faça os ajustes necessários para solucionar esse problema.

Avaliando a performance do canal

Agora vamos analisar como a plataforma web analytics disponibiliza os números de performance correspondentes a cada canal, para que assim possamos verificar quais são os mais representativos e traçarmos nossas estratégias.

Com os dados extraídos do web analytics, conseguimos entender qual fonte de tráfego gera um maior número de visitantes, assim como comparar entre estes canais quais tiveram uma maior taxa de conversão ou rejeição. Na Figura 2.2, vemos que a busca paga é a responsável pelo maior número de usuários no site, mas não necessariamente representa o maior número de vendas.

O e-mail marketing responde pela liderança em vendas, seguido da busca paga e, em terceiro lugar, a busca orgânica. Assim, podemos concluir que essas três fontes de tráfego são de extrema importância para as vendas desse e-commerce.

Default Channel Grouping	Aquisição			Comportamento			Conversões — Comércio eletrônico ▼	
	Usuários	Novos usuários	Sessões	Taxa de rejeição	Páginas / sessão	Duração média da sessão	Taxa de conversão do comércio eletrônico	Transações
	96.947 Porcentagem do total: 100,00% (96.947)	88.617 Porcentagem do total: 100,11% (88.517)	161.682 Porcentagem do total: 100,00% (161.682)	52,93% Média de visualizações: 52,93% (0,00%)	3,27 Média de visualizações: 3,27 (0,00%)	00:02:47 Média de visualizações: 00:02:47 (0,00%)	1,69% Média de visualizações: 1,69% (0,00%)	2.734 Porcentagem do total: 100,00% (2.734)
1. Busca paga	26.977 (25,73%)	22.803 (25,73%)	39.564 (24,47%)	49,95%	3,50	00:02:59	1,44%	568 (20,78%)
2. Busca orgânica	26.243 (24,58%)	21.692 (24,48%)	37.774 (23,36%)	57,36%	2,93	00:02:49	1,00%	378 (13,83%)
3. Outros	18.394 (17,23%)	16.240 (18,33%)	22.770 (14,08%)	61,36%	2,48	00:01:33	0,86%	195 (7,13%)
4. E-mail	14.661 (13,73%)	11.014 (12,43%)	32.781 (20,27%)	48,18%	3,78	00:03:22	2,74%	899 (32,88%)
5. Direto	11.085 (10,38%)	10.725 (12,10%)	15.236 (9,42%)	52,22%	3,45	00:02:46	2,14%	326 (11,92%)
6. Social	6.468 (6,06%)	5.403 (6,10%)	7.653 (4,73%)	50,54%	2,92	00:01:36	0,89%	68 (2,49%)
7. Referencial	1.515 (1,42%)	616 (0,70%)	3.123 (1,93%)	41,40%	3,94	00:03:41	6,85%	214 (7,83%)
8. Outras publicidades	1.431 (1,34%)	124 (0,14%)	2.781 (1,72%)	45,20%	4,10	00:04:51	3,09%	86 (3,15%)

Figura 2.2. Comparativo de fontes de tráfego. Captura de tela da plataforma Google Analytics em março de 2020.

PONTO DE ATENÇÃO

Toda vez que analisamos uma plataforma web analytics, estamos visualizando números provenientes de uma conhecida forma de atribuição chamada de last click. Isso significa que a atribuição dada a esse números é sempre referente ao último clique do usuário antes dele ser direcionado ao site.

Imagine o cenário: você está em uma rede social, é impactado pelo anúncio de um determinado produto ou serviço, realiza um clique nessa publicidade e é direcionado para o site desse anúncio.

Nesse contexto, você será contabilizado pela plataforma web analytics como um usuário proveniente da fonte de tráfego de social media, certo?

Agora imagine este outro cenário: você visualiza o anúncio nessa mesma rede social e não realiza o clique, mas, no dia seguinte, lembra da marca e acessa o site diretamente. Nesse caso, a plataforma contabilizará seu acesso como tráfego direto.

Por mais que a plataforma contabilize seu acesso como tráfego direto, isso não quer dizer que a rede social não foi parte essencial da jornada do usuário, porém ela não será contabilizada, em virtude da atribuição *last click* ou "último clique", dada pela plataforma Analytics.

Esse é o motivo pelo qual muitas vezes os números provenientes da busca são tão relevantes comparados às outras mídias, principalmente quanto à conversão, pois a plataforma sempre contabilizará o momento anterior imediato em que foi realizado o clique para o site.

Em outros países, como nos Estados Unidos, os departamentos de marketing estão contabilizando a atribuição da publicidade pelo que chamamos de post view ou pós-visualização, não restringindo a análise de uma campanha apenas em relação ao último clique antes do usuário entrar no site. Por meio de plataformas específicas, é possível captar quem visualizou um banner display e depois de 24h ou 48h entrou no site e realizou uma compra. Esse é um dado importante para uma análise mais profunda sobre quais canais realmente são importantes na jornada de compra de cada usuário. Aos poucos, ela vem se popularizando no Brasil, mas aqui os especialistas de marketing e de comunicação ainda têm restrições a essa forma de atribuição.

Dicas importantes

#1. Não seja refém de nenhum canal pago para manter o tráfego do seu site

Apostar nas plataformas próprias e de conteúdo, como blogs, treinamentos, rico conteúdo e vídeos tutoriais pode não refletir em um aumento de conversão imediato, mas com certeza a médio prazo esse canal será responsável por trazer tráfego qualificado, sem a necessidade de altos investimentos em mídia paga.

Estar com seu site indexado nos principais buscadores pode trazer resultados muito além do esperado, tendo em vista que os usuários preferem clicar em pesquisas não patrocinadas.

#2. A busca paga é importante, mas não concentre seus investimentos somente nela

Um cenário comum para pequenos empresários é concentrar seus investimentos nas plataformas de busca, dado que geram uma alta taxa de conversão em um curto período, porém, pensar apenas no curto prazo não é recomendado.

O brasileiro é um dos maiores consumidores de vídeos no mundo e, de acordo com pesquisa *Digital in 2019*, o YouTube é a rede social mais acessada no Brasil.

Esses são apenas alguns dados que justificam que não se deve concentrar investimentos em links patrocinados. Impacte o usuário de outras formas, pense em estratégias criativas em multicanais.

#3. Defina objetivos para seus investimentos

Se você espera que seu anúncio em vídeo gere tráfego para seu site, começou errado. Quem está visualizando um vídeo não quer ser direcionado ao seu site naquele momento, mas o impacto que a combinação de áudio e imagem traz pode levá-lo a lembrar por muito tempo do seu produto/serviço.

Ou seja, um anúncio de vídeo deve ter o objetivo de visualização e lembrança de marca; já um anúncio de busca deve ter como objetivo aumentar o tráfego do site e impulsionar conversões.

#4. Não descarte anúncios em display, eles fazem parte do processo de compra

Utilize ferramentas que permitam analisar de forma aprofundada uma campanha de display. Softwares como DSPs (demand-side platform) possibilitam entender a taxa de visualização de um anúncio em display e quais canais geraram os melhores resultados, além de prevenir a entrega em sites spam ou fraudulentos.

#5. Como aumentar o tráfego social?

Um dos objetivos que podemos trabalhar em uma campanha de redes sociais é a geração de tráfego para um site. Aliar campanhas de tráfego de usuários junto a campanhas de remarketing, impactando usuários que já conhecem a marca, aumentará substancialmente seus resultados.

#6. Como trabalhar com sites de referência?

Encontrar um site referencial e estabelecer uma parceria com ele é uma das práticas que geram ótimos resultados, sem aporte de investimentos. No entanto, para descobrir onde encontrar estes parceiros relevantes, você deve utilizar algumas ferramentas, principalmente as especializadas em SEO. Plataformas especializadas mostram quais sites geram as melhores referências de tráfego qualificado, assim como sinalizam o tráfego gerado por spam, que é extremamente prejudicial para o posicionamento do seu site nos canais de busca.

#7. Diminua a taxa de rejeição

Crie landing pages específicas para cada campanha. Além de aumentar a relevância do seu site para os buscadores, dado que seu site possui informações que o usuário está buscando, você direcionará a mensagem para uma página complementar ao anúncio que está veiculando.

Trabalhe com fornecedores de mídia que possuam filtros antifraude, isso evitará que seu investimento em publicidade seja despendido em sites fraudulentos ou spam, que geram tráfego sem qualidade para seu site.

#8. Aumente o tempo médio do usuário no seu site

Crie links que interconectem as páginas do seu site com conteúdos complementares, isso aumentará o tempo médio e páginas vistas.

Insira botões de *"call to action"* ou "chamadas para a ação" que direcionem seu tráfego para o carrinho de compras ou escoem para páginas complementares. Essa técnica evitará o abandono do carrinho pelo usuário e a busca por mais informações em outro site.

Existem tecnologias que evitam o abandono do usuário, disparando mensagens atrativas quando ele direciona o mouse para fechar a tela. Inserir essas tecnologias também ajuda a evitar o abandono e aumenta o tempo de permanência médio do usuário no site.

#9. Aumente a conversão, utilizando o e-mail marketing transacional

Contrate ou desenvolva uma tecnologia para disparos automatizados de carrinhos abandonados e coloque um incentivo por determinado tempo para que o usuário retorne ao seu site e realize uma conversão. Incentivos aliados ao tempo limitado geram senso de urgência e oportunidade para os usuários.

#10. Analise sua campanha a partir de plataformas complementares ao Analytics

Avaliar o sucesso de uma campanha somente por meio do Analytics é considerar apenas o último clique antes da ação. Ou seja, por mais que a ferramenta Analytics seja extremamente eficiente, ela não contabiliza a jornada de compra de um usuário como um todo.

Trabalhar com plataformas de pesquisa, com informações adicionais dos fornecedores e com softwares como os DSPs contribui para uma análise mais ampla dos resultados, possibilitando entender os pontos de contato que induziram o usuário a ir ao site e que geraram conversão de vendas.

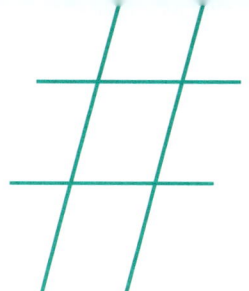

3

Performando nas redes de pesquisa

Quando pensamos em publicidade digital, a primeira coisa que vem à nossa mente é a busca paga, que, como vimos, são os links patrocinados que aparecem nas primeiras colocações dos maiores buscadores, como Google, Bing e Yahoo.

O principal diferencial desse tipo de publicidade é o momento da jornada de compra no qual você impacta o consumidor, que pode ser quando o usuário busca por informações gerais ou durante a pesquisa e decisão de compra, quando o usuário está buscando um produto ou serviço e a empresa apresenta uma oferta.

Diferentemente da publicidade tradicional, em que você busca despertar o interesse do usuário, na busca paga você entrega o que o usuário está procurando, por isso o anúncio é muito mais relevante.

Como segmentar o seu anúncio?

A publicidade ideal é a conhecida por oferecer o produto certo, no momento certo, para o usuário certo! As plataformas de busca possibilitam essa assertividade, disponibilizando algumas segmentações para a sua campanha, como veremos a seguir.

Geolocalização

Você pode escolher onde seu anúncio será veiculado, conforme parâmetros como: região, país, estado, cidade, raio de distância e CEP.

Palavras-chave

Uma das principais segmentações que o buscador disponibiliza são as conhecidas palavras-chave.

Para selecionar aquelas mais eficazes para sua campanha, é importante que você entenda o comportamento do usuário e o seu momento na jornada de compra.

A busca na internet é realizada de forma rápida e informal, ou seja, colocar variações informais das palavras-chave é parte importante do processo. Entender o momento de compra do usuário também ajudará a definir em quais palavras-chave apostar. Veja a diferença de resultados de uma mesma campanha de venda de passagens, utilizando duas palavras-chave diferentes:

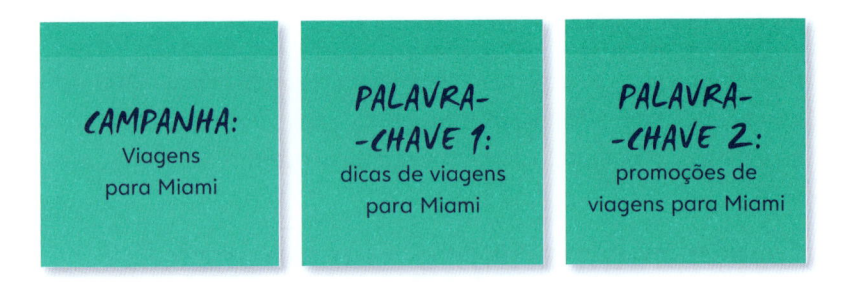

CAMPANHA:
Viagens
para Miami

**PALAVRA-
-CHAVE 1:**
dicas de viagens
para Miami

**PALAVRA-
-CHAVE 2:**
promoções de
viagens para Miami

Se você investir na palavra-chave 1, provavelmente impactará usuários que buscam informações sobre Miami, mas que não necessariamente irão viajar naquele exato momento. Já aqueles que buscam promoções de viagens para Miami têm uma maior probabilidade de compra, dado que já estão decididos a viajar.

Ou seja, se você investir na palavra-chave 1, impactará o usuário no início de sua jornada de compra, em uma etapa que chamamos de topo ou meio de funil; já se investir na palavra-chave 2, concentrará seus investimentos no fundo de funil, gerando maior possibilidade de conversão.

Uma vez identificadas as palavras-chave que atendam melhor aos seus objetivos, concentre seus investimentos nelas e exclua as palavras que não obtiveram o retorno esperado. Não existe uma quantidade exata do número de palavras-chave que deve ter em uma campanha, ou seja, a quantidade não está ligada à qualidade de suas campanhas. Focar seus investimentos em um grupo menor de palavras-chave, que possuem uma maior taxa de conversão, é a melhor estratégia.

Outro fator importante a ser avaliado é o custo dessas palavras-chave no leilão. Se as principais palavras-chave do seu produto ou serviço têm um alto valor de leilão, isso significa que muitas empresas estão pagando por essas palavras e que, consequentemente, terão um custo mais alto. Dependendo do custo dessas palavras-chave, vale analisar se vale a pena seguir utilizando-as em suas campanhas ou pausá-las.

O custo das palavras-chave varia de centavos a centenas de reais. Podemos exemplificar com o setor de desentupidoras. Subir uma campanha para esse segmento pode ser altamente custoso, pois possui poucas palavras-chave buscadas pelos usuários e as mais importantes têm um custo muito alto. Nesse caso, analise a sua margem de venda para avaliar se a publicidade vale a pena.

Palavras-chave negativas

Com objetivo oposto das palavras-chave, as palavras-chave negativas são aquelas que você não quer que sejam associadas ao seu anúncio. Essa seleção é determinante para dar mais qualidade na campanha.

Voltando ao exemplo da campanha de viagens para Miami, entendemos que a palavra-chave "promoções para Miami" tende a ter uma maior conversão comparada a "dicas de viagens para Miami". Nesse caso, se o seu objetivo é aumentar as vendas, a palavra-chave "dicas de viagens para Miami" deve ser negativada.

Uma vez negativada, quando o usuário digitar nos buscadores a palavra-chave "dicas de viagens para Miami", seu anúncio não irá aparecer nos resultados da busca.

Remarketing na rede de pesquisas

Para quem imaginava que o remarketing era exclusivo de anúncios no formato de display, o Google lançou dentro da segmentação "Públicos" a possibilidade de criar campanhas de links patrocinados para usuários que se engajaram no seu site.

Assim, se o usuário fez uma visita no seu site e após um período refaz a pesquisa na rede de busca, por meio da segmentação de remarketing, o seu anúncio aparecerá outra vez a esse usuário, aumentando as chances de redirecionamento ao site e possível compra.

Como criar links patrocinados efetivos?

Além das segmentações, um fator decisivo no resultado das campanhas está na criação dos anúncios propriamente dita. Parece óbvio, mas, no caso das campanhas de links patrocinados, o espaço para divulgação é restrito a um número determinado de caracteres, por isso é necessário privilegiar objetividade, variedade e estratégia na criação de seus anúncios.

Objetividade

Comunique de forma clara o produto ou serviço oferecido e o seu principal diferencial, detectando as palavras-chave mais importantes. Por exemplo, se você vende perfumes importados e seu principal diferencial é o parcelamento, seu anúncio deve conter a palavra--chave "perfumes importados" e o fator de parcelamento: "em 12× sem juros", por exemplo. No restante do texto, apresente informações adicionais a essas, já que "perfumes importados" e "sem juros" são suas principais palavras-chave.

Variedade

Uma vez detectadas as palavras-chave, criar anúncios com variações é fundamental para entender qual terá a melhor performance. Essas variações podem ser realizadas de forma manual, fazendo algumas modificações de texto na plataforma. O ideal é que haja ao menos três variações para cada grupo de anúncio.

Outra opção são as campanhas automatizadas, que tendem a ter uma melhor performance, já que as variações de anúncios são maiores e mais customizadas, de acordo com a busca do usuário. Vale destacar dois tipos de anúncios automatizados: os responsivos e os dinâmicos.

Os anúncios responsivos são formados por uma variedade de títulos e descrições que são inseridos na plataforma. A combinação dos títulos e descrições é gerada automaticamente, proporcionando assim uma grande variedade de anúncios, de acordo com o dispositivo de busca e o comportamento do usuário. Dessa forma, é mais fácil detectar as combinações que melhor geram resultados.

Já os anúncios dinâmicos são criados automaticamente pela plataforma utilizando as palavras-chave de busca do usuário e as páginas de direcionamento do seu site. Por exemplo, se o usuário pesquisa o termo "hotéis em São Paulo", no seu anúncio aparecerá "hotéis em São Paulo" e o link de direcionamento do anúncio será para a página de "hotéis em São Paulo" do seu site. Esse formato é comumente utilizado em sites que possuem um grande número de páginas em razão de um alto portfólio.

Na imagem a seguir, é possível visualizar a criação de um anúncio dinâmico na plataforma do Google Ads, em que não é possível adicionar o título nem a URL de destino, já que os mesmos são gerados dinamicamente.

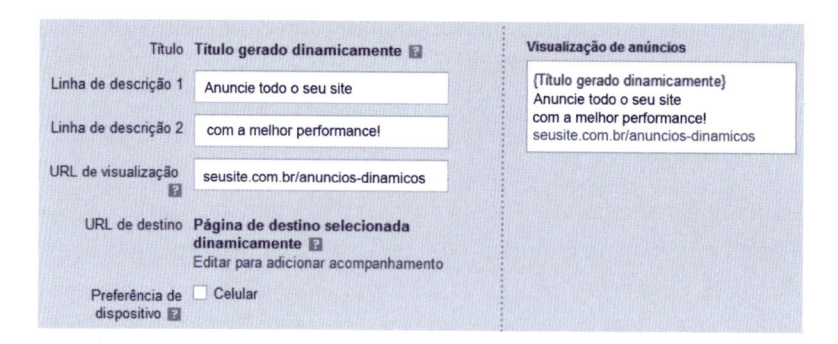

Figura 3.1. Anúncio dinâmico na plataforma Google Ads (exemplo fictício).

Estratégia

Com a limitação de caracteres, um dos principais recursos disponibilizados para aumentar o tamanho da exposição na página de busca são as "extensões de anúncios". Como o próprio nome diz, as extensões têm o objetivo de estender o tamanho do anúncio na página de busca, deixando-o maior e dessa forma possibilitando a inserção de informações adicionais ao seu anúncio.

EXTENSÕES DE ANÚNCIO

A plataforma Google Ads disponibiliza uma variedade de extensões de anúncio. Destacamos algumas das mais importantes a seguir.

EXTENSÕES DE CHAMADA

Se o seu produto ou serviço não é vendido 100% on-line ou se um dos pontos importantes de contato para a venda são as chamadas telefônicas, inserir a extensão de chamada com o número de telefone do estabelecimento é fundamental. É principalmente indicada para quando as buscas são realizadas a partir de dispositivos celulares, pois clicando no número de telefone da extensão, ele terá direcionamento automático para a chamada telefônica.

EXTENSÕES DE SITELINKS

Apostar nas extensões de sitelinks pode ser uma boa estratégia se o seu site possui muitas páginas. Os sitelinks nada mais são do que títulos e pequenas descrições adicionais aos seus anúncios, com redirecionamentos para páginas específicas no seu site.

Por exemplo, se você desenvolve uma landing page específica com promoções de Natal, você pode criar uma extensão de sitelink para ela. Assim, além de exibir o anúncio que costuma promover, pode inserir um conteúdo adicional, destacando as promoções de Natal, aumentando assim a exposição e a visibilidade do seu anúncio.

SNIPPETS ESTRUTURADOS E FRASES DE DESTAQUE

Os snippets estruturados são palavras-chave adicionais ao seu anúncio. Assim como os snippets, as frases de destaque são pequenas frases inseridas em uma linha adicional ao seu anúncio. Essas extensões complementam seus anúncios, possibilitando a inserção dos principais diferenciais da sua empresa, além de mostrar um maior portfólio.

EXTENSÃO DE LOCALIZAÇÃO

Este é um recurso importante para quem deseja promover um estabelecimento físico, pois permite inserir seu endereço no anúncio, que será exibido para usuários que realizarem uma busca nas proximidades do estabelecimento.

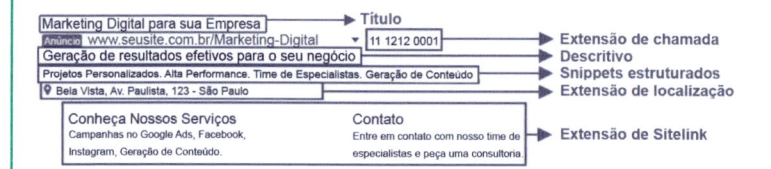

Figura 3.2. Anúncio (exemplo fictício), mostrando diferentes tipos de extensões.

Para se aprofundar mais, acesse o link ou consulte pelo QR Code todas as extensões disponibilizadas pela plataforma.

 **Ajuda do Google Ads**

https://support.google.com/google-ads/answer/7332837

Como a publicidade nos buscadores funciona?

Primeiramente, você precisa entender que os buscadores são uma plataforma de leilão, ou seja, cada palavra-chave participa de um leilão em tempo real, sendo então atribuído a ela um valor, que varia de acordo com o número de empresas que compram essa mesma palavra. Portanto, quanto maior o número de empresas ofertando um valor, maior será o custo dessa palavra-chave.

Um elemento importante para avaliar o custo nesse leilão é o índice de qualidade da campanha. Na ferramenta Google Ads, plataforma de publicidade para o canais Google, o índice de qualidade é definido pelos fatores: relevância do anúncio, taxa de cliques esperada e experiência do usuário na página de destino. Mas o que cada um desses itens significa?

Relevância do anúncio

O anúncio deve ter coerência com a palavra-chave selecionada, assim como a página de destino. Por exemplo, se você tem um e-commerce de eletrodomésticos e faz uma campanha para vender geladeiras, uma das palavras-chave que provavelmente será comprada é "promoção de geladeiras". Com isso, quando o usuário buscar "promoção de geladeiras", seu anúncio provavelmente aparecerá.

Mas, para que a palavra-chave "promoção de geladeiras" seja considerada relevante, o anúncio dessa campanha deverá também conter a palavra "geladeiras", apresentando adequação com a palavra-chave paga. É isso que determina a relevância do anúncio.

Taxa de cliques esperada

Se o seu anúncio tem adequação com a palavra-chave pesquisada, provavelmente haverá uma alta taxa de cliques. Esse alto índice comprovará que a sua campanha é relevante e, por isso, a plataforma irá considerá-la uma campanha de qualidade.

Experiência do usuário na página de destino

Você concorda que, se o seu site não é bom, não é interessante para a plataforma de busca indicá-lo para seu usuário? É por esse motivo que a página de destino deve promover uma boa experiência de navegação, em termos de usabilidade e de tempo de carregamento de página.

Voltando ao exemplo da campanha de geladeiras, o link de redirecionamento dos seus anúncios deve ser para uma página com boa usabilidade, rápido carregamento e, claro, com ofertas de geladeiras.

Dessa forma, o buscador entende que a campanha tem um alto índice de qualidade, pois foi composta por:

- *palavra-chave – "promoção de geladeiras";*
- *anúncio relevante – contém a palavra-chave "geladeiras";*
- *link de direcionamento – página com boa usabilidade e com ofertas de geladeiras.*

Muitas vezes, porém, o anunciante não se preocupa com essas três variáveis e direciona suas campanhas para uma página com todos os produtos ou até mesmo para a homepage de um site. Por consequência, a qualidade da campanha diminuirá e, como sanção, sua palavra-chave terá um lance mais alto no leilão, tornando-a mais cara, o que acarretará também no posicionamento desfavorável na página de busca, onde dificilmente seu anúncio aparecerá em primeira posição. Para que isso não aconteça, trabalhe muito bem a palavra-chave, a relevância do seu anúncio e a usabilidade dos links de direcionamento.

Dicas importantes

#1. Crie uma campanha nas redes de busca para complementar a sua campanha publicitária

Sempre que ativar uma campanha, seja ela on-line ou off-line, complemente com outra nas redes de busca. Por exemplo, se você faz uma campanha em mídias tradicionais, como rádio, revista, portais, entre outros, o usuário não irá parar para anotar o seu site ou seu telefone, pois muitas vezes ele não precisará do seu produto ou serviço naquele momento. No entanto, essa campanha gerará lembrança de marca e, quando o usuário necessitar, ele irá buscar o produto ou serviço em uma rede de busca, e então sua empresa será exibida entre as primeiras posições.

#2. Estruture sua campanha

Campanhas bem estruturadas são mais fáceis de monitorar e alcançam um melhor índice de qualidade. Organize a divulgação do seu portfólio por campanhas e separe cada uma por grupos de anúncios, divididos por produtos ou serviços principais. Cada grupo de anúncio deve conter ao menos três variações de anúncio desse determinado tema.

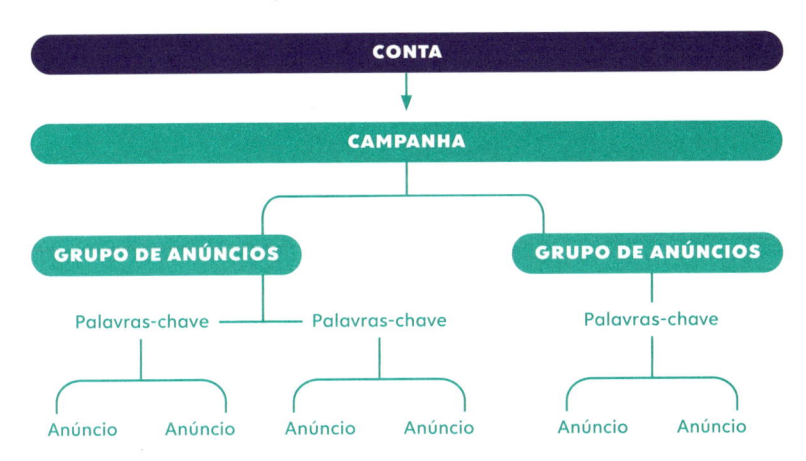

Figura 3.3. Estrutura de grupos de anúncios.

#3. Faça uma campanha vencedora com um alto índice de qualidade

Uma campanha com qualidade requer um trabalho conjunto de palavra-chave, anúncio e página de redirecionamento. Imagine se você vendesse camisetas personalizadas: como criar uma campanha de alta qualidade?

- Nas palavras-chave, deve constar "camisetas personalizadas".
- Faça um anúncio com a palavra-chave "camisetas personalizadas".
- A página de redirecionamento deve carregar rapidamente, ter uma boa navegabilidade e constar ofertas de "camisetas personalizadas".

#4. Realize otimizações com frequência

Revise suas campanhas com periodicidade, avalie as palavras-chave que mais convertem, negative palavras-chave que não gerem conversão, faça testes AB com seus anúncios, inserindo variações e, se possível, alterne as páginas de direcionamento.

Otimizações realizadas em redes de busca geram resultados com muita rapidez!

#5. Foque sua campanha em palavras-chave que convertem

A quantidade de palavras-chave não tem correlação com a quantidade de conversões. Focar seus investimentos nas palavras-chave que convertem e inserir novas palavras para descobrir oportunidades ou outros mercados trarão melhor desempenho para sua campanha.

#6. Crie anúncios inteligentes

Utilize as ferramentas disponibilizadas pelas plataformas dos buscadores para criar anúncios inteligentes e de alta performance. Anúncios dinâmicos e responsivos são responsáveis por uma maior taxa de conversão.

#7. Utilize extensões de anúncios

As extensões de anúncios aumentam sua exposição na plataforma de busca, completando os anúncios com informações adicionais para o usuário. Insira extensões e monitore os resultados em cada uma delas. Você irá se surpreender com o número de usuários que clicam nelas.

#8. Diversifique seus investimentos

Estar presente na rede de busca Google é importante, mas você também pode ativar campanhas em outras redes, como Bing, Yahoo, Ask, etc. Dessa forma, você estará diversificando seus investimentos em redes com menos concorrência e com públicos específicos.

YouTube: como conquistar seguidores e visualizações?

4

Um dos canais que mais crescem no mercado brasileiro não pode ser deixado de lado quando pensamos em marketing digital. Atualmente existem diversas plataformas de vídeo, mas, sem dúvida, a mais popular e com maior repertório é o YouTube, considerada a rede social mais acessada do país, de acordo com o relatório *Digital in 2019*.

Já o Google, em sua pesquisa *Video Viewers*, divulgada em 2018, reforça que a plataforma de vídeos preferida pelos brasileiros é o YouTube, com 44% da preferência dos entrevistados, seguida da Netflix, com 22%, e do WhatsApp, com 12%. Em sua sexta edição, a pesquisa registrou o crescimento de 135% do consumo de vídeo no Brasil nos últimos quatro anos, enquanto o consumo de TV aumentou apenas 13%, em termos comparativos, conforme Maria Helena Marinho.

A pesquisa ainda indica que o que leva os usuários a buscar essa plataforma de vídeos são os sentimentos de conexão, conhecimento, entretenimento e identidade. Ou seja, entender esses anseios nos ajuda a pensar no tipo de conteúdo que deve ser publicado nessa rede social, e o que os seus usuários buscam e esperam.

Outro dado interessante de se observar: um dos YouTubers com maior número de seguidores é o brasileiro Whindersson Nunes, com um canal 100% em português.

Com base nesses dados, concluímos que o brasileiro tem o hábito de consumir vídeos para buscar informações, entretenimento, compartilhamento e expressão de opinião.

Estratégias na produção de vídeos

Estratégias na produção de vídeos são necessárias para uma melhor repercussão e possibilidade de viralização das campanhas, porém é importante entender o objetivo, o público, os princípios e os valores da marca, para o planejamento da comunicação e o desenvolvimento de vídeos alinhados com esses fatores.

Alguns formatos, listados a seguir, tendem a ter uma melhor receptividade e empatia junto ao público.

- **Vídeos com humor:** tendem a cair na simpatia dos brasileiros, porém muito cuidado com esse tipo de conteúdo, pois deve ser coerente com uma personalidade de marca leve e divertida – caso contrário, estará totalmente distante ao tom de voz comunicado por ela. É importante também atentar-se ao que é politicamente correto, de forma que o conteúdo não possa ser considerado ofensivo pelo público, gerando rejeição à marca.

- **Vídeos com pluralidade:** trabalhar conteúdos com pluralidade de gênero, raças e idades, assim como mostrar cenas do cotidiano, conquista a empatia do público, pois promovem identificação com a marca.

  Um dos maiores *cases* de sucesso, em termos de pluralidade, foram os vídeos lançados por uma marca de sabonetes, focando no público feminino, no dia a dia de uma mulher.

- **Vídeos com crianças e animais:** despertam o lado afetivo do ser humano, aumentando assim a empatia e a memorização da mensagem comunicada. Um grande exemplo foi a clássica campanha viral *Bebê – sem papel*, de uma conhecida instituição financeira, com um bebê amassando papel e dando gargalhadas.

- **Vídeos tutoriais:** inúmeras marcas optam por esclarecer dúvidas dos seus usuários, principalmente na montagem ou no ajuste de seus produtos, por meio de vídeos tutoriais. Eles costumam ter uma grande aderência de público, em razão da facilidade e da rapidez no entendimento de dúvidas, assim como contribuem com o trabalho das centrais de atendimento ao consumidor.

  Marcas focadas no comércio de eletrônicos possuem canais completos de vídeos tutoriais, muito acessados por seus usuários. Outro segmento que explora os vídeos tutoriais é o segmento da educação, oferecendo treinamentos em diversas áreas.

- **Perguntas e respostas:** uma estratégia muito utilizada nas campanhas de vídeo são as perguntas e respostas junto a especialistas.

A vantagem desse formato é que, por meio de vídeos curtos, chamados de pílulas, o especialista, autônomo ou representante de uma marca, provê ao consumidor informações rápidas e relevantes, transformando-o em autoridade no assunto.

- **Vídeos de influenciadores digitais:** cada vez mais presentes nas plataformas de vídeo, os influenciadores digitais impactam diversos segmentos, como moda, beleza, saúde, educação, economia, viagens e finanças, entre outros. Eles atuam como veículos de comunicação, estabelecendo um contato próximo, expressando opiniões e mostrando o seu dia a dia aos seguidores.

Utilizar vídeos com influenciadores pode ser importante, desde que se trabalhe junto a especialistas, que selecionarão os melhores perfis, com conteúdos relevantes para a sua marca. No Capítulo 9, detalharemos possíveis estratégias de atuação com influenciadores digitais.

Publicidade nas redes de vídeo

Para que um vídeo se torne conhecido e até mesmo viral, ele precisa atingir uma parcela de usuários que disseminarão a mensagem. Por isso, para cada estratégia de vídeo, deve-se destinar investimento para a publicidade.

Em se tratando de YouTube, a plataforma fornece inúmeros formatos de divulgação; os mais populares são os vídeos in-stream puláveis, que possibilita que o anunciante pague apenas por quem assistiu aos 30 segundos do seu vídeo, não tendo de dispender investimentos com a grande parcela que clicou no "pular anúncio" ou com quem teve de visualizar obrigatoriamente os anúncios, no formato de in-stream não puláveis, de até 15 segundos de visualização.

Escaneie o QR Code e veja todos os formatos de anúncios publicitários do YouTube.

 **Ajuda do Google Ads**

https://support.google.com/google-ads/answer/2375464?hl=pt-BR

Tenho certeza de que a maioria dos leitores deste livro já clicou impacientemente no "pular anúncio" e está se perguntando: por que anunciar em um local que ninguém quer ver?

Essa resposta está diretamente relacionada ao seu interesse! Se você é impactado pelo vídeo de um produto ou serviço que não tem aderência ao que está buscando no momento, realmente você vai pular. Mas, se o vídeo traz dicas ou conteúdos sobre um tema de seu interesse, talvez a sua receptividade seja maior!

Ou seja, a produção correta do vídeo e a segmentação dessa publicidade são peças-chave para a sua estratégia dar certo!

Para qualificar ainda mais essa publicidade, o YouTube disponibiliza o formato "Discovery", que mostra seu vídeo apenas para quem pesquisou sobre o tema relacionado à sua campanha. Isso porque, se o usuário busca "Dicas para uma alimentação saudável" e aparece um vídeo como "Melhores alimentos para sua saúde", provavelmente ele assistirá com muito mais atenção do que aqueles que tiveram de ver esse mesmo vídeo no formato in-stream, antes ou no meio de um vídeo que efetivamente queriam ver.

A combinação de segmentação + formato adequado + estratégia na produção de conteúdo é o segredo para uma campanha de sucesso nas plataformas de vídeo. Por isso, desmistifique a ideia de que inserir a sua marca nessas plataformas é algo custoso e difícil e comece a impactar essa relevante audiência!

É possível indexar organicamente seus vídeos sem investimentos?

Essa é uma pergunta bem frequente, com uma resposta simples: sim, é possível!

Acompanhar o crescimento de visualizações orgânicas de um vídeo é algo emocionante, pois mostra claramente o potencial desse canal. Em uma semana, um vídeo pode alcançar milhões de seguidores. Mas como isso acontece?

É necessário pôr em prática algumas estratégias para que você alcance o resultado esperado, afinal, no mundo digital o sucesso é feito à base de estudos e técnicas. Além das dicas de vídeos citadas, que ajudam a despertar a curiosidade e a empatia dos brasileiros, a subida desses vídeos nas plataformas deve ser realizada de forma sistêmica. Por isso, listamos um passo a passo do que deve ser considerado antes de se publicar um vídeo.

1. **Entenda o que seu usuário busca**
   Descubra o que os usuários pesquisam no YouTube, com relação ao seu segmento. Quais são as perguntas mais frequentes? Os seus vídeos devem "responder" a essas perguntas, para que ganhem relevância.

2. **Descubra as melhores palavras-chave**
   Após descobrir o que o seu usuário busca, você poderá definir as melhores palavras-chave. Utilize-as na descrição dos vídeos, dos títulos e das tags do seu canal.

3. **Crie títulos otimizados**
   O título dos seus vídeos deve conter a principal palavra-chave buscada, mas cuidado para não inserir títulos iguais aos já publicados.

4. **As capas dos vídeos fazem diferença**

Vídeos com capas personalizadas chamam mais atenção do que vídeos publicados diretamente, sem uma imagem representativa. As capas devem apresentar título e imagem relevante, e cores contrastantes também ajudam a chamar atenção do usuário, durante a busca.

No exemplo a seguir, fica clara a proposta do vídeo, tanto na capa quanto no título e nas palavras-chave utilizadas.

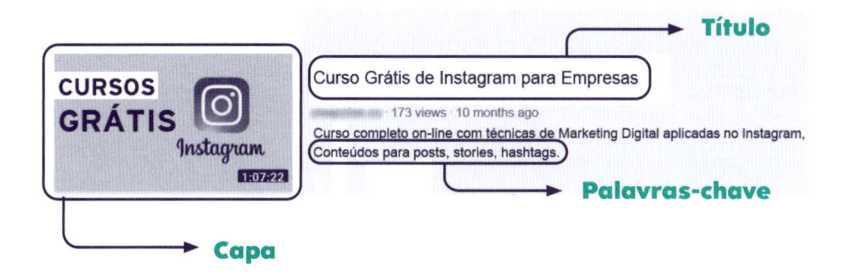

Figura 4.1. Exemplo de como um vídeo é mostrado ao usuário nos resultados de busca do YouTube.

5. **Utilize tags**

As tags são as palavras-chave inseridas para que o algoritmo do YouTube classifique o seu vídeo. Elas são vitais para um bom posicionamento orgânico na plataforma. Insira as tags com coerência, utilizando palavras-chave relativas ao seu vídeo e de acordo com a busca do seu público.

Dicas importantes

#1. Produção

Os vídeos realizados não necessariamente precisam de uma produção sofisticada, porém é necessário uma boa qualidade de imagem e áudio, para que obtenham um melhor resultado de alcance e visualização.

#2. Marketing de influência

A utilização de influenciadores digitais nas campanhas de vídeo pode ser uma estratégia vencedora, desde que sejam bem selecionados e que haja alinhamento entre os conteúdos trabalhados pelo influenciador e pela marca. Especialistas na área podem orientar como trabalhar essa seleção e conteúdo.

#3. SEO no YouTube

Publique vídeos utilizando técnicas de busca. Entenda como seu vídeo é buscado, descubra e trabalhe com as palavras-chave no descritivo, nos títulos e nas tags. As capas também são componentes importantes para seleção e diferenciação.

#4. Publicidade segmentada

O YouTube fornece segmentações específicas para impactar seu público, por meio de palavras-chave de busca, canais, interesses, perfis demográficos e listas de remarketing. Defina muito bem o seu público para disponibilizar o melhor conteúdo a ele. E lembre-se: o usuário só assistirá ao seu vídeo se tiver interesse no tema abordado.

5
Facebook, Instagram e TikTok:
públicos, conteúdo e segmentações

O número de usuários e de interações nas redes sociais tem crescido ao longo dessa última década; com isso, quesitos como usabilidade, algoritmo e segmentação estão em constante evolução. A usabilidade segue a tendência *mobile first*, considerando o maior acesso às redes sociais por meio de smartphones, em vez de notebooks ou computadores de mesa. Os algoritmos estão cada dia mais inteligentes, identificando os interesses de cada usuário, promovendo maior interação e conexão entre as pessoas, assim como restringindo informações falsas e perigosas. Consequentemente, esses fatores criam um cenário de centenas de segmentações distintas, a fim de possibilitar a entrega de uma mensagem de qualidade e de interesse para cada usuário.

Conforme indica a *Digital in 2019*, o Facebook é a segunda rede social mais acessada no Brasil, atrás do YouTube, e o Brasil é o terceiro país em número de acessos à plataforma mundialmente, perdendo apenas para os Estados Unidos e a Índia. Já o Instagram é a quarta rede mais acessada, mas tem seu destaque por ser considerada a preferida dos jovens, de acordo com a pesquisa *Social Media Trends 2019*. O TikTok, por sua vez, desponta como a quarta rede social com maior número de usuários no mundo, segundo nos informa o relatório da

Infobase Interativa, de 2019. No Brasil, começou a ter grande adesão de usuários em 2020.

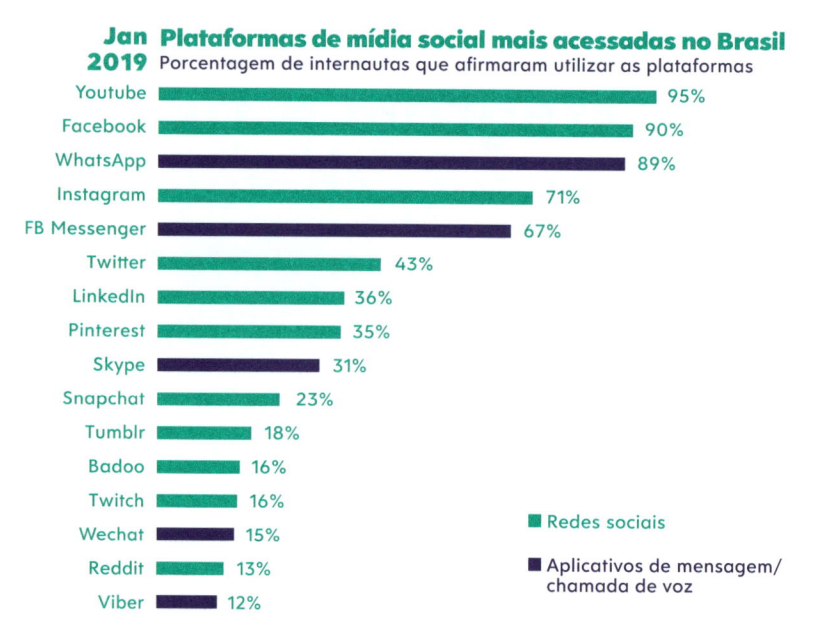

Figura 5.1. Plataformas de mídia social mais acessadas no Brasil em janeiro de 2019, segundo resultado de pesquisa realizada com internautas de 16 a 64 anos.
Fonte: We are Social e Hootsuite (2019).

O brasileiro tem o hábito de utilizar as redes sociais e, consequentemente, é influenciado por elas. Em 2018, Mark Zuckerberg – cofundador e CEO do Facebook, que por sua vez adquiriu o Instagram, em 2012 – diminuiu a divulgação orgânica dos posts comerciais, medida que vale tanto para as fan pages do Facebook quanto para o Instagram, privilegiando as postagens interpessoais e diminuindo a quantidade de "propagandas gratuitas". Assim, para que uma publicidade apareça para um número maior de usuários no Facebook ou no Instagram, é necessário que seja paga. Em razão disso, as marcas têm aumentado os seus investimentos nessas plataformas ano a ano, a fim de impactar usuários segmentados em seus momentos ociosos e de entretenimento.

Como impactar de forma apropriada os usuários em cada uma das redes?

O primeiro passo é entender o comportamento dos usuários nas distintas redes sociais. O que funciona no Facebook não necessariamente irá funcionar no Instagram e tampouco no TikTok, ou seja, um mesmo post compartilhado nas distintas redes terão resultados completamente diferentes. Precisamos entregar a mensagem certa para o usuário certo, na rede social correta. A seguir, discutiremos algumas particularidades dessas plataformas, sugerindo como trabalhar em cada uma delas.

Conteúdo

Se entendermos que o Facebook, Instagram e o TikTok são plataformas com públicos distintos, chegamos à conclusão de que não podemos trabalhar exatamente o mesmo conteúdo nas redes.

Adaptações entre textos e imagens são necessárias, uma vez que que o Instagram é uma plataforma aspiracional e visual, enquanto o Facebook possui como característica a passagem entre posts e leitura mais lenta. Já o TikTok é uma plataforma adaptada à geração mais jovem, com mensagens rápidas e, em sua maioria, cheias de humor.

Campanhas com conteúdos mais extensos e imagens com design publicitário são bem aceitas no Facebook, além dos compartilhamentos de notícias ou dos links complementares às postagens, que possuem uma alta taxa de cliques.

Por outro lado, com um público predominantemente mais jovem e antenado em tendências e novidades, o Instagram possui conteúdos focados no imediatismo e opiniões transmitidas por meio de mensagens rápidas, imagens aspiracionais e vídeos. Essa rede lidera inúmeros mercados, como o de moda, fitness, turismo e maternidade, entre outros.

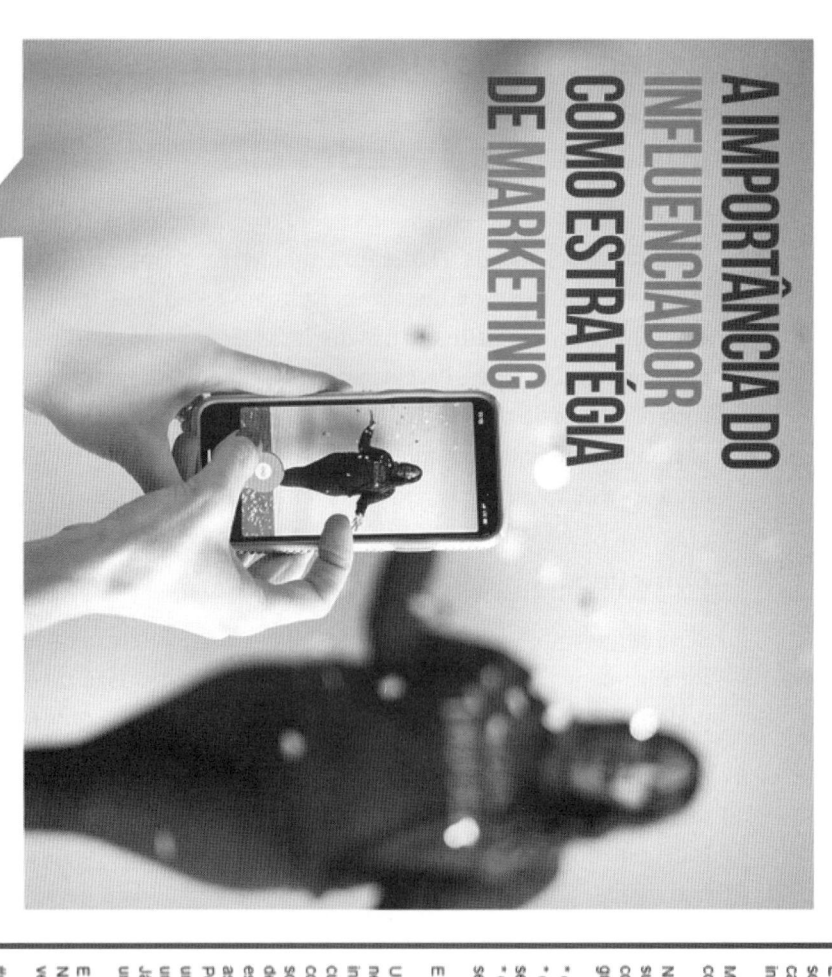

É inegável o poder que as redes sociais possuem sobre a opinião pública, e um grupo que ganha cada vez mais destaque nesse meio são os influenciadores.

Mas existe diferença entre os criadores de conteúdo?

Não é de hoje que grandes marcas vêm apostando suas fichas e budget de marketing nos criadores de conteúdo, que podem ser divididos em diferentes grupos:

* O nano influenciador, com 1 mil a 10 seguidores;
* O micro influenciador, com 10 mil a 100 mil seguidores;
* O macro influenciador, com + de 100 mil seguidores.

E por que investir nos criadores de conteúdo?

Uma coisa que vem chamando bastante atenção nesse meio são as altas taxas de retorno dos influenciadores. Um dos motivos para isso são os custos mais baixos que a publicidade tradicional, como em TV ou revistas, e um maior engajamento sobre possibilidade de compra, ou seja, dependendo da sua verba de marketing digital e estratégia, essa pode ser uma escolha altamente assertiva e embasada em dados de consumo. Por exemplo, os macros influenciadores possuem um grande alcance de seguidores, podendo gerar um buzz altíssimo de mídia. Já os nanos e os micros possuem até 22,2 vezes uma maior interação com os seus seguidores.

E você já trabalha com influenciadores digitais? Não perca mais tempo, marque um café conosco e venha conhecer mais sobre esse mundo digital.

#marketingdigital #influencers #microinfluenciadores #estratégia #mktdigital #influenciadoresdigitais #mídia #reachmídia

Comentar como Reach

Figura 5.2. Exemplo de post de conteúdo no Facebook.

78

Para trabalhar com esse público, as marcas devem entender que imagem é conteúdo, e quanto mais natural, com foco no dia a dia, maior será a adesão e o engajamento. Imagens e vídeos inspiracionais, dicas autênticas postadas em formato de vídeo por influenciadores ou autoridades no assunto, aproveitando o imediatismo proporcionado pelos stories, são formatos vencedores nessa rede social. Tudo o que dê privilégio para a imagem terá uma melhor adesão.

Isso não significa que posts com conteúdos especializados não tenham sucesso; você pode apostar em dicas consistentes de especialistas e ainda colocar um link na *bio* de sua página com informações complementares. Mas cuidado para não ser muito genérico, pois os usuários do Instagram buscam novidades e dicas autênticas, além de excelente qualidade visual.

Já o TikTok priorizando mensagens rápidas e divertidas, democratizou a criação de vídeos, disponibilizando inúmeros recursos para edições de fácil publicação. Conteúdos criativos são a chave de sucesso para essa rede.

AÇÃO INTEGRADA ENTRE MARCA, PÚBLICO E REDES SOCIAIS

As redes sociais nos permitem não somente comunicar uma informação, mas gerar engajamento com o púbico, fortalecendo o relacionamento e gerando maior lembrança da marca.

Em uma ação para fortalecimento de marca é possível unir plataformas e criar interação entre seus seguidores. Este foi o caso de uma ação realizada por uma grande importadora de bebidas, por meio da qual a marca convidou seus seguidores do Instagram e Facebook a criar uma *playlist* compartilhada no Spotify para que eles pudessem vivenciar este momento junto a marca. Essa ação de branding, além de incentivar o engajamento, convida o seguidor a interagir em uma segunda rede colaborativa, criando mais um ponto de contato com a marca.

Utilizando os stories junto a influenciadores

Como já mencionamos, o Instagram tem por característica a autenticidade e, por isso, a opinião de influenciadores digitais são tão bem aceitas. Os stories dão dinamicidade às informações, trazendo dicas e recomendações, e sendo utilizados para compartilhar o dia a dia das pessoas. A naturalidade nesse tipo de comunicação é ainda mais vital para transmitir credibilidade sobre o que se quer informar.

> **PONTO DE ATENÇÃO!**
>
> Na administração das redes sociais de uma marca é preciso ter o cuidado de entregar o melhor conteúdo, para gerar, consequentemente, o maior índice de engajamento. Esse é o principal KPI (key performance indicator), ou indicador de performance, necessário para avaliar os resultados dos conteúdos de uma rede social. Manter um alto índice de engajamento todos os dias depende de análise, planejamento, pesquisa e criatividade.

Publicidade no gerenciador do Facebook e do Instagram

Os investimentos publicitários nas redes sociais crescem continuamente: no ano de 2019, somente o Instagram foi responsável por aproximadamente 25% da receita do conglomerado de Mark Zuckerberg, acumulando 20 bilhões de dólares em receitas publicitárias, ultrapassando o YouTube, com 15 bilhões de dólares, segundo Sarah Frier e Nico Grant, em artigo publicado pela Bloomberg, em fevereiro de 2020.

O gerenciador de publicidade do Facebook e do Instagram tem segmentações cada dia mais refinadas, possibilitando aos profissionais de marketing utilizarem estratégias eficazes de investimentos de verbas publicitárias.

Tipos de campanhas

Cada campanha deve ter seus objetivos de marketing e de comunicação muito claros, a fim de direcionar os esforços para o resultado esperado pela empresa. Escolher o tipo de campanha corretamente, no gerenciador de anúncios do Facebook, possibilita melhores resultados com menores custos.

O Facebook divide os objetivos de marketing em três macros: *reconhecimento, consideração* e *conversão*. Ele simula o funil de conversão, em que a fase de reconhecimento tem o objetivo de despertar o interesse do usuário e impactar novos públicos. Na fase de consideração, o usuário passa a reconhecer a marca e considerar o produto – geralmente, trata-se de usuários que já foram impactados pela mesma campanha, ou até mesmo já seguem a marca. Já na fase de conversão, que também chamamos de "fundo de funil", como veremos com mais detalhes no Capítulo 8 deste livro, o usuário está decidindo sobre a compra do produto ou serviço.

De forma lógica, você poderia se perguntar: toda empresa objetiva a venda e margem de lucro; logo, devemos focar 100% dos nossos esforços na terceira etapa, a de conversão. A resposta é sim e não. Sim, para alcançar o objetivo final de toda empresa, a geração de lucro; e não, para focar todos os seus esforços apenas na última etapa do funil de conversão.

Despertar o interesse, descobrir novos públicos e engajar esse usuário com a sua marca faz parte da jornada de compra do usuário e de sua fidelização junto à marca. Por isso, o sugerido é distribuir a sua verba e combinar de dois a três tipos de objetivos para promover sua campanha.

Lembrando que, no Gerenciador de Anúncios do Facebook, cada objetivo selecionado gerará uma campanha distinta. Ou seja, você deverá rodar de duas a três campanhas no gerenciador a fim de promover sua campanha.

Por exemplo, você pode criar uma campanha de alcance de novos públicos, a fim de explorar novos mercados, junto a uma campanha focada em tráfego para o site, e por último uma de conversão, em que os usuários com maior probabilidade de compra serão impactados.

Você concorda que a combinação de alcance de novos públicos + tráfego para o site + conversão são campanhas complementares e necessárias para se atingir o objetivo de aumentar as vendas de um e-commerce?

Na Figura 5.3, podemos ver os objetivos de marketing disponibilizados pelo gerenciador de anúncios do Facebook, no qual é possível criar campanhas no Facebook e no Instagram.

Reconhecimento	Consideração	Conversão
Reconhecimento da marca	Tráfego	Conversões
Alcance	Envolvimento	Vendas do catálogo
	Instalações do aplicativo	Tráfego para o estabelecimento
	Visualizações do vídeo	
	Geração de cadastros	
	Mensagens	

Figura 5.3. Interface do gerenciador de anúncios do Facebook. Captura de tela realizada em março de 2020.

Segmentações

Uma vez escolhido o tipo de campanha, temos que definir o público que será impactado, este é o segundo passo e não menos importante que o primeiro. Definir o público é fundamental para impactar o usuário correto em sua jornada de compra e otimizar seus investimentos.

O gerenciador de anúncios do Facebook e do Instagram é uma das plataformas mais completas em termos de segmentação, com infinitas possibilidades de combinações, o que permite criar uma campanha mais assertiva.

É possível segmentar para descobrir novos públicos a partir da definição de fatores como: dados demográficos, interesses, comportamentos e vínculo com sua fan page.

- **Dados demográficos:** usuários segmentados por gênero, idade, localização, formação, renda, acontecimentos em sua vida pessoal e ocupação, entre outros.

- **Interesses:** usuários que curtiram tópicos e páginas relacionados a temas específicos, como: comidas e bebidas, compras e moda, entretenimento, hobbies, esportes, família, negócios, entre muitos outros.

- **Comportamentos:** conforme o comportamento do usuário no seu dia a dia, que pode ser categorizado de acordo com os dispositivos que mais utiliza para acessar as plataformas, o valor agregado de compra, o comportamento em viagens, entre outros.

- **Vínculo com a fan page:** usuários e amigos que curtiram sua página, usuários de aplicativos ou aqueles que responderam aos seus eventos.

Na Figura 5.4, demonstramos como o gerenciador de anúncios disponibiliza as segmentações e o público potencial para análise e estudo de mercado, considerando o segmento e a localização definidos.

Para exemplificar, simulamos uma campanha com foco em viagens de lua de mel para um público específico:

- dados demográficos – mulheres, de 30 a 45 anos;
- localização – região Nordeste do Brasil;

- interesses – foram selecionadas pessoas interessadas em resorts de luxo e lua de mel da região Nordeste do Brasil, com o hábito de viajar frequentemente;

- exclusões – foram excluídos desse público as pessoas que tinham interesse por resorts all-inclusive, que oferecem serviços com tudo incluído, para uma melhor segmentação do perfil de luxo.

Com base nessa definição de cenário, o gerenciador de anúncios estima um alcance potencial para essa campanha de 6,7 milhões de usuários, impactando diariamente de 2,1 a 6 mil usuários com esse perfil.

Outras segmentação importante para se trabalhar nas campanhas do Facebook e do Instagram é a de Públicos Personalizados, formada por usuários com perfil semelhante ao do seu público-alvo ou por pessoas que já tiveram contato com a empresa por meio de anúncios ou efetuando uma compra. Impactar usuários que já conhecem sua marca aumenta a probabilidade de sucesso e conversão, por isso eles não devem ser deixados de lado.

As principais formas de se trabalhar com esses públicos são: criar listas de públicos semelhantes, conhecidas como *look-alike*, para que a plataforma impacte pessoas de perfis semelhantes que interagiram com sua marca; reimpactar visitantes do site, com as listas de *remarketing*; conectar-se com usuários que baixaram ou interagiram com aplicativos; criar eventos ou até mesmo ativar a publicidade para listas de clientes ativos da empresa.

As combinações disponibilizadas no gerenciador de anúncios para a segmentação de público são realmente muito variadas. Por isso, é recomendável que você entenda profundamente o público que deseja impactar, defina o seu perfil e descubra na plataforma as possibilidades de combinação.

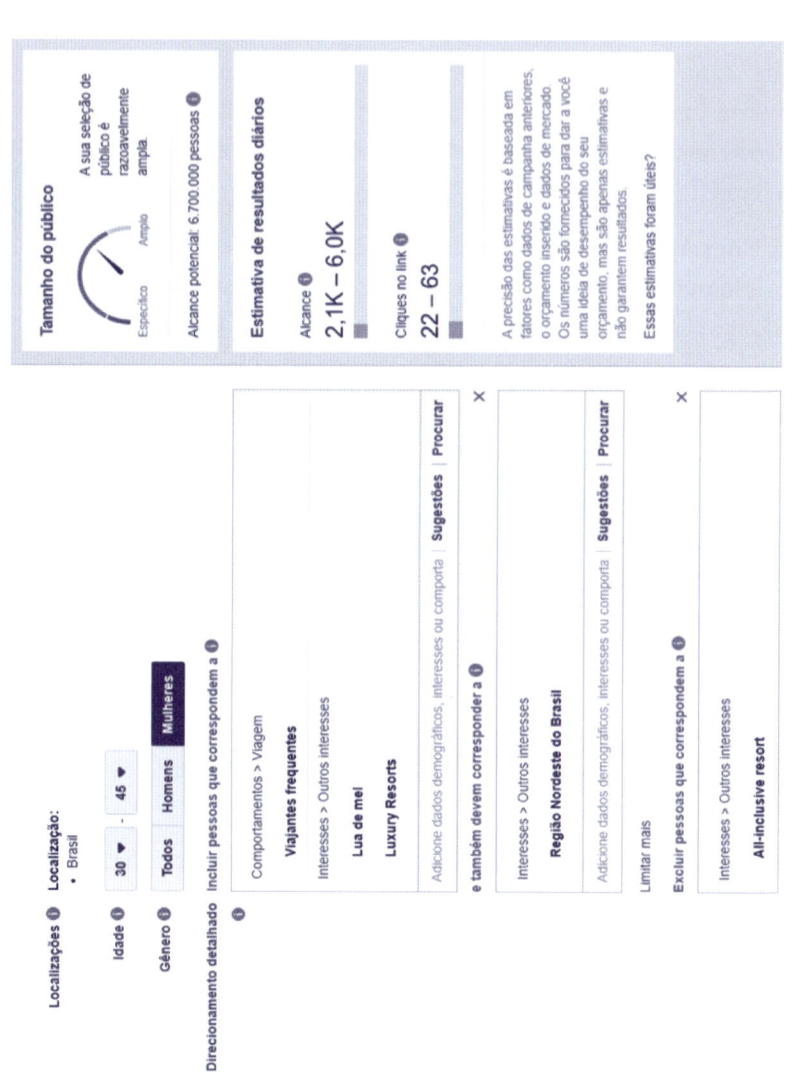

Escaneie o QR
Code para acessar
o gerenciador de
anúncios do Facebook.

Figura 5.4 . Detalhamento de segmentação
para campanha. Captura de tela do gerenciador
de anúncios/criação de públicos do Facebook,
em março de 2020.

O TikTok é a rede social da vez?

Conhecida como a rede social da geração Z, com 41% de usuários entre 16 e 24 anos, o TikTok vem chamando atenção das marcas que já investem em conteúdos personalizados, em razão da rápida e grande adesão do público à rede (IINTERATIVA, 2019).

O TikTok é uma rede social que permite a criação e edição de vídeos de até 15 segundos de forma rápida e intuitiva. Diferente dos stories, os vídeos são armazenados na timeline, criando um verdadeiro storytelling, retratando o dia a dia dos usuários.

Esse recurso está sendo muito em explorado por influenciadores digitais, com criações inspiradas em cenas de humor que atraem um grande número de seguidores.

Criação de anúncios no TikTok

O TikTok já disponibilizou sua plataforma de publicidade, na qual é possível segmentar e impactar os usuários. Com menos recursos, porém parecido com o gerenciador de campanhas do Facebook, a plataforma possibilita criar uma campanha com as seguintes segmentações:

1. Primeiramente, deve ser selecionado o objetivo da campanha, que pode ser: geração de tráfego para o website, conversão ou App Install (download de aplicativos).

2. Em seguida, é necessário determinar o público-alvo, segmentando o gênero, idade, localização e interesses – com isso, a plataforma já lhe dá uma estimativa de usuários potenciais.

3. Depois, devem ser inseridos os dias, os horários e os investimentos.

4. Por fim, é preciso determinar a meta da campanha – por clique, impressão ou conversão.

Com um passo a passo bem definido e entendendo que a plataforma tem a adesão de um público jovem, os resultados podem ser muito bons, com possibilidade de atingir nichos de mercados específicos, que nenhuma outra plataforma possui. Já se o seu público for de mais idade e conservador, com certeza esta não será a melhor plataforma.

Quer conhecer a plataforma TikTok Ads? Acesse o QR Code.

Observação: a plataforma não disponibiliza acesso imediato, o cadastro é analisado pela equipe do TikTok e posteriormente liberado para a criação de campanhas.

 **TikTok For Business**

https://www.tiktok.com/business/en

Dicas importantes

#1. Faça um mix de conteúdo

Não fale somente sobre seu produto ou serviço. Trabalhe com conteúdos de interesse dos usuários, dicas especializadas, postagens aspiracionais, questionamentos, enquetes nos stories, compartilhamentos, reposts de usuários que mencionam a marca, entre outros.

#2. Monte uma estrutura de temas dos posts pensando no dia a dia do seu seguidor

Digamos que em todas as quintas-feiras façamos um #tbt (throwback Thursday – recordações das quintas-feiras) e, aos domingos, um post de engajamento. O planejamento dessa estrutura depende do segmento em que atua – por exemplo, você gostaria de receber publicidade de um produto ou serviço em um domingo? Talvez sim, mas a maior probabilidade é que um post leve e de engajamento tenha uma melhor performance nesse dia. Deixe os posts de produtos e serviços para os dias de semana, preferencialmente de segunda a quinta-feira, exceto quando lançar campanhas promocionais nos finais de semana – então já na sexta-feira anuncie entre os seus seguidores essa promoção que será feita.

#3. Crie um cronograma de conteúdo

Montada a estrutura, então mãos à obra! Para cada tema, crie a pauta de sua postagem. Ela servirá de guia para o desdobramento dos posts, assim como para o direcionamento criativo das imagens.

A seguir temos um modelo-base de cronograma, com algumas sugestões de estrutura e desdobramento de postagens. Se você já possui um histórico de publicações, analise na plataforma Facebook Insights ou na seção *Informações* da sua conta comercial no Instagram os dias e horários de melhor performance para a publicação das suas postagens, assim como os conteúdos de maior engajamento para montar sua pauta.

#4. Estimule a interação

A rede social é um canal de comunicação one-to-one, ou seja, é necessário conversar com seu seguidor de forma individual. Estimule a interação criando perguntas, pedindo para que ele realize ações, como likes, compartilhamentos, respondendo a quizzes e enquetes. Os usuários respondem muito positivamente a esses estímulos!

MÊS: 06 ANO: 2020	DIA | SEMANA	DIA	TIPO	REDE SOCIAL	PAUTA	TIPO DE CONTEÚDO		CANAL	
						Imagem	Vídeo	Feed	Stories
	Segunda	1	Produto/serviço	IG e FB	Post com objetivo de divulgação e venda de um produto ou serviço	X			X
	Terça	2	Dica	IG e FB	Post de conteúdo sobre a marca com objetivo de engajamento	X		X	
	Quarta	3	Promoção	IG e FB	Post promocional com objetivo de promover uma campanha	X		X	
	Quinta	4	#repost	IG e FB	Repost de um cliente ou influenciador que mencionou a marca		X	X	X
	Sexta	5	Compartilhamento	FB	Conteúdo relevante para a marca que pode ser compartilhado	X		X	
	Sábado	6	Conteúdo	IG e FB	Post de conteúdo sobre uma curiosidade, história ou tema relacionado	X		X	
	Domingo	7	Engajamento	IG e FB	Post com questionamento, incentivando a interação dos usuários	X		X	

SEMANA #1

Figura 5.5. Planejamento de conteúdo e cronograma de posts para redes sociais.

#5. Hashtags e menções

Uma das estratégias para aumentar o alcance de suas postagens é a utilização correta de menções (@) e hashtags (#), principalmente no Instagram. Entender quais hashtags têm bom alcance no seu segmento e focar nelas é essencial para o desempenho positivo do seu post. Testar e descobrir novas hashtags também é papel do profissional de conteúdo, afinal você poderá atingir novos segmentos e usuários com hashtags complementares.

Existem ferramentas que nos auxiliam a descobrir novas hashtags com boa performance. É o caso do site All Hashtag, no qual é possível inserir uma palavra-chave referente ao produto ou serviço divulgado e a ferramenta sugere boas hashtags desse mercado. Confira a ferramenta escaneando o QR Code a seguir.

All-hashtag

https://www.all-hashtag.com/

Utilize também hashtags institucionais da marca, hashtags referentes à campanha vigente, insira algumas hashtags com alto alcance de acordo com o tema do post e separe o espaço para algumas hashtags de teste. Mas lembre-se sempre: o bom desempenho dependerá da qualidade, e não da quantidade de hashtags em um post.

#6. Ferramentas para programação e análise das postagens são fundamentais

Atualmente existem inúmeros softwares, tanto gratuitos quanto pagos, para programação e análise de conteúdo. Eles oferecem relatórios consolidados sobre os melhores dias, horários e conteúdos com maiores taxas de engajamento, que darão o direcionamento necessário para o sucesso da sua rede social. Alguns apresentam a funcionalidade de descobrir e monitorar influenciadores digitais para suas marcas, basta pesquisar e descobrir qual se encaixa melhor no seu perfil e orçamento.

Muitos deles possuem uma versão teste para a avaliação das funcionalidades, o que é muito recomendado para que possa ser testada a usabilidade da plataforma, assim como a obtenção de dados.

#7. Reels x TikTok

Para competir com o TikTok, o Instagram criou a plataforma para a criação de vídeos de até 15 segundos, com a possibilidade de inserir áudio, controlar a velocidade do vídeo e inserir efeitos especiais, entre outros recursos, chamada de Reels. Basta selecionar a criação de um vídeo nos Stories e lá você encontrará a funcionalidade Reels, em que poderá criar seus vídeos divertidos de forma rápida e postar nos stories ou na aba *Explorar* do Instagram.

#8. O que NÃO fazer para conquistar novos seguidores

Ter um perfil de Instagram com um grande número de seguidores é o desejo de muitas marcas, porém nem sempre esses seguidores são reais e engajados. Muito comumente, as marcas fazem uso de robôs e dos grupos chamados de Instagram PODs, para aumentar os números de seguidores e curtidas, acreditando assim ter uma melhor relevância no meio digital.

Tanto os robôs, que atualmente oferecem segmentações sofisticadas, possibilitando selecionar o perfil dos usuários que devem curtir sua página, quanto os PODs, grupo de seguidores que se engajam propositalmente com determinada conta para criar uma maior relevância e exposição nas postagens, possuem algo em comum: garantir apenas uma maior quantidade de seguidores e curtidas em um perfil ou uma postagem. Uma vez que você deixa de contratá-los, a queda é grande. Além disso, quando temos muitos seguidores "fakes" em uma conta, é difícil analisar o perfil dos usuários e criar um conteúdo direcionado a eles, já que esses seguidores "sujam" a base de dados.

Uma marca relevante no meio digital faz uso de estratégias de conteúdo e publicidades bem direcionadas, garantindo seguidores fiéis e engajados, que possivelmente se tornarão clientes.

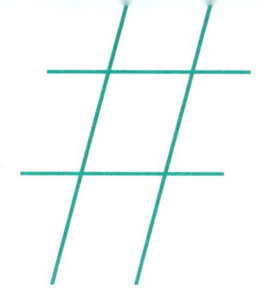

6

LinkedIn e o público B2B

Desenvolver campanhas para o público B2B (business-to-business) tem suas características próprias, totalmente distintas das campanhas B2C (business-to-consumer), trabalhadas em plataformas como Facebook e Instagram. Nas campanhas B2B, o relacionamento e o atendimento personalizado prevalecem. O público corporativo reage positivamente a campanhas direcionadas para um perfil profissional específico. Esse relacionamento estabelecido a partir de interesses mútuos possibilita a geração de leads qualificados e futuras vendas.

Richard Lowe mostra claramente o poder da plataforma como uma ferramenta de relacionamento, e não de vendas:

> O LINKEDIN NÃO É UMA FERRAMENTA DE VENDAS. NÃO HÁ POSSIBILIDADE DE INCLUIR UMA LOJA, UMA LISTA DE PRODUTOS OU ADICIONAR UM CARRINHO DE COMPRAS OU CHECK OUT. SE VOCÊ ESTÁ PENSANDO NO LINKEDIN COMO UM MÉTODO PARA AJUDÁ-LO A VENDER, ENTÃO VOCÊ VAI FICAR MUITO DECEPCIONADO. (LOWE, 2016)

O LinkedIn, maior rede social corporativa do mundo, tem em sua base mais de 40 milhões de brasileiros, colocando o Brasil em quarto lugar no ranking mundial, perdendo apenas para Estados Unidos, Índia e China. Apresenta uma base global de 690 milhões de membros, presentes em 200 países ao redor do mundo, conforme indicam os dados públicos divulgados pela própria plataforma, em 2020. O LinkedIn também é o principal canal de mídia social para o mercado B2B, respondendo por 92% do marketing mix, de acordo com Salman Aslam, em 2020.

O LinkedIn permite que as empresas criem sua company page para começar a veiculação de conteúdos e anúncios. Diferentemente das demais redes sociais, as páginas corporativas do LinkedIn sempre estão vinculadas a um ou mais perfis pessoais. Por trás de toda empresa, há especialistas que entendem profundamente os assuntos tratados por ela, seja ele o proprietário, seja o CEO, seja sua equipe gerencial, e geralmente são deles os perfis vinculados às páginas corporativas.

Além das páginas corporativas, todo o profissional pode e deve ter um perfil completo no LinkedIn, que é uma vitrine para seu currículo e projeção profissional. Centenas de profissionais de recursos humanos buscam perfis adequados utilizando essa plataforma, transformando-a em uma das maiores bases de vagas de emprego e currículos do mundo.

Como trabalhar o conteúdo?

Como dito anteriormente, seria um erro postar o mesmo conteúdo no Facebook, no Instagram e simplesmente replicá-lo no LinkedIn. Para trabalhar corretamente um conteúdo, tanto de um profissional com autoridade sobre determinado assunto quanto de uma empresa, busque saber quais informações são relevantes para seus usuários, principalmente para sua carreira profissional.

Os conteúdos do LinkedIn são criados com base em temas atuais, aliados à opinião do autor. Economia, política, gestão e finanças são alguns assuntos amplamente divulgados, dado que estratégias e números são apreciados pela grande parte dos seguidores.

Por se tratar de uma rede profissional, essa é a melhor plataforma para se criar um perfil de autoridade. Conteúdos relevantes, com opiniões consistentes, diferenciam o autor como autoridade em determinado assunto.

Nesse sentido, uma das principais ferramentas utilizadas para esse fim é o LinkedIn Pulse, disponibilizado como um aplicativo pela plataforma, possibilitando a publicação de artigos de forma fácil e intuitiva, que podem ser projetados para uma grande rede profissional.

No momento em que um profissional é considerado uma autoridade, as chances de ser selecionado pelo conhecimento e competência são muito maiores. Nessa seleção, de grande competitividade, o profissional deixa de concorrer apenas nos quesitos produto/serviços e preço; o contratante atribuirá um maior peso e preferirá direcionar seus investimentos em um profissional de referência e qualidade.

CURIOSIDADE SOBRE OS TOP VOICES DO LINKEDIN

Profissionais ao redor do mundo foram convidados oficialmente pelo LinkedIn para escreverem e discutirem sobre tópicos de suas especialidades, além de temas de interesses gerais, como: gestão, recursos humanos, inovação, liderança, economia e empreendedorismo, entre outros. Esses influenciadores foram crescendo e, anualmente, a plataforma elege os seus Top Voices, de acordo com o tráfego gerado, índice de engajamento e uma cuidadosa avaliação editorial dos artigos e conteúdos publicados.

Além disso, a produção de artigos e posts no LinkedIn deve ter frequência e estrutura consistentes em relação aos temas abordados. Diferentemente do Facebook ou Instagram, o número de postagens pode ser menor, porém deve-se manter uma frequência, sempre com o cuidado de trabalhar conteúdos aprofundados referentes à marca ou aos cenários de mercado em que ela está inserida.

E, para uma boa indexação da sua página nessa plataforma, as palavras-chave devem ser trabalhadas de forma estratégica. Elas devem ser relacionadas ao seu negócio e inseridas em todo o conteúdo, desde os dados de seu perfil até a construção dos posts e artigos, para que sua company page ou página pessoal seja relevante em relação a um determinado assunto.

Segmentações e publicidade no LinkedIn

Quando pensamos no público corporativo, dificilmente conseguimos tirar o LinkedIn do nosso planejamento de campanha, já que é a plataforma com o maior aglomerado de empresas e que detém a atenção de níveis gerenciais, diretorias e conselhos.

Um dos grandes diferenciais dessa rede é o poder de comunicação com o usuário certo, já que as informações inseridas no perfil dos usuários são fiéis. Você pode realizar uma prospecção ou estabelecer um relacionamento exatamente com o responsável pela compra do seu produto ou serviço, criando um valioso diálogo com esses prospects potenciais.

Para encontrá-los, basta digitar no campo de busca o cargo com que deseja falar e selecionar o grupo "pessoas". Aparecerá, então, uma lista de potenciais clientes, que podem ainda ser filtrados pelo nível

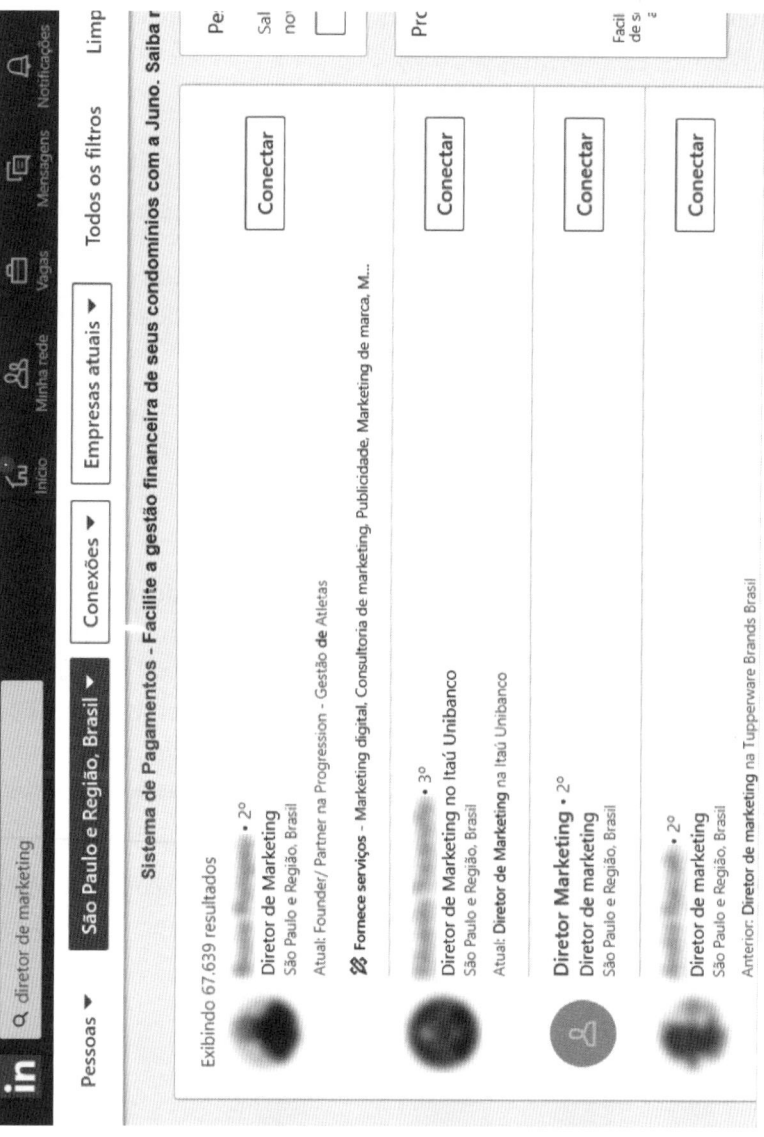

Figura 6.1. Resultados da busca, ao procurarmos por pessoas que ocupam o cargo de diretor de marketing. Captura de tela da plataforma LinkedIn, em março de 2020.

de conexão e pela localidade. Veja na Figura 6.1 que, quando digito no campo de busca "diretores de marketing", na localidade de São Paulo, aparece uma lista de pessoas que compõem esse grupo, meu público-alvo da pesquisa.

Essa é uma forma gratuita que o LinkedIn proporciona de encontrar prospects potenciais e estabelecer um primeiro relacionamento com eles.

Formatos publicitários

A plataforma também possui um gerenciador de anúncios, que permite trabalhar com campanhas altamente segmentadas, em uma escala maior. Seus formatos são mais restritos quando comparados às outras redes sociais, porém sua base tem uma fidelidade incomparavelmente maior.

Os principais formatos publicitários trabalhados no LinkedIn serão apresentados a seguir.

ANÚNCIOS DE TIMELINE

Muito parecido com o gerenciador de anúncios do Facebook, o LinkedIn permite a veiculação dos tradicionais anúncios que aparecem nas timelines em formato de imagem, carrossel ou vídeo. A segmentação disponibilizada pela plataforma apresenta maior profundidade e foco nas carreiras dos usuários impactados. As possibilidades de segmentação são muitas, com destaque para: demográficas, por formação, empresas, cargos e funções.

No gerenciador de anúncios do LinkedIn, é possível escolher os objetivos da campanha, de acordo com a jornada de compra do usuário.

Esses objetivos direcionarão sua campanha para que atinja os resultados esperados, por isso é importante selecioná-los bem! Eles seguem a mesma lógica do funil de vendas de uma campanha de conteúdo, na qual podemos impactar o topo do funil, na etapa Conhecimento; o meio do funil, na etapa Consideração; e o fundo de funil, na etapa Conversão. A seguir, apresentamos como cada uma dessas etapas é caracterizada.-

- **Conhecimento:** o usuário ainda não teve contato com seu produto ou serviço, você está levando a mensagem a novos públicos de interesse.

- **Consideração:** o usuário já teve contato com sua marca e pode estar considerando seu produto ou serviço. Nessa etapa, é possível configurar sua campanha para geração de tráfego qualificado para o site, engajamento junto à marca ou apenas a visualização de um vídeo.

- **Conversão:** o usuário já interagiu com a marca e está propenso à conversão. Os tipos de campanha nessa fase estão divididos em: geração de leads, com anúncios preparados para a captação de dados de usuários potenciais; conversões no site, direcionando tráfego qualificado; e candidatos a vagas para campanhas de recursos humanos.

Figura 6.2. Objetivos de uma campanha publicitária no LinkedIn. Captura de tela do gerenciador de anúncios da plataforma, em março de 2020.

INMAIL

Este é um formato de mensagem personalizada que permite impactar o usuário de forma direta, utilizando recursos do marketing direto e da comunicação one-to-one. Uma vez selecionada uma lista de clientes potenciais, você pode enviar mensagens personalizadas, apresentando sua empresa com possibilidade de inserir links de direcionamento e materiais para download. As mensagens aparecem na caixa de entrada dos perfis, com uma alta taxa de abertura e visualização, transformando esse recurso em uma estratégia de alta efetividade, se bem trabalhada.

Toda comunicação one-to-one deve ser realizada com customização e exclusividade, pois o objetivo é estabelecer relacionamento e proximidade com o usuário. Chamá-lo pelo nome, entender seu perfil e possíveis necessidades antes de estabelecer um contato e enviar uma solução completa, de forma sucinta, são algumas das técnicas que devem ser realizadas nessa categoria de anúncio.

SALES NAVIGATOR

Se você pretende realizar esse mesmo trabalho de prospecção e de relacionamento, mas em uma escala ainda maior, o LinkedIn lançou a plataforma Sales Navigator. Com funcionalidade muito parecida, ele permite que você tenha mais de vinte segmentações de perfis ou de empresas e as monitore para entender o comportamento dessas contas. Analisando o que os prospects potenciais publicam, você pode começar a estabelecer um melhor relacionamento com seu ICQ (ideal customer profile ou perfil ideal de cliente).

Escaneie o QR Code e conheça melhor o Sales Navigator.

LinkedIn Sales Navigator

https://business.linkedin.com/pt-br/sales-solutions/sales-navigator

SEGMENTAÇÕES DO SALES NAVIGATOR

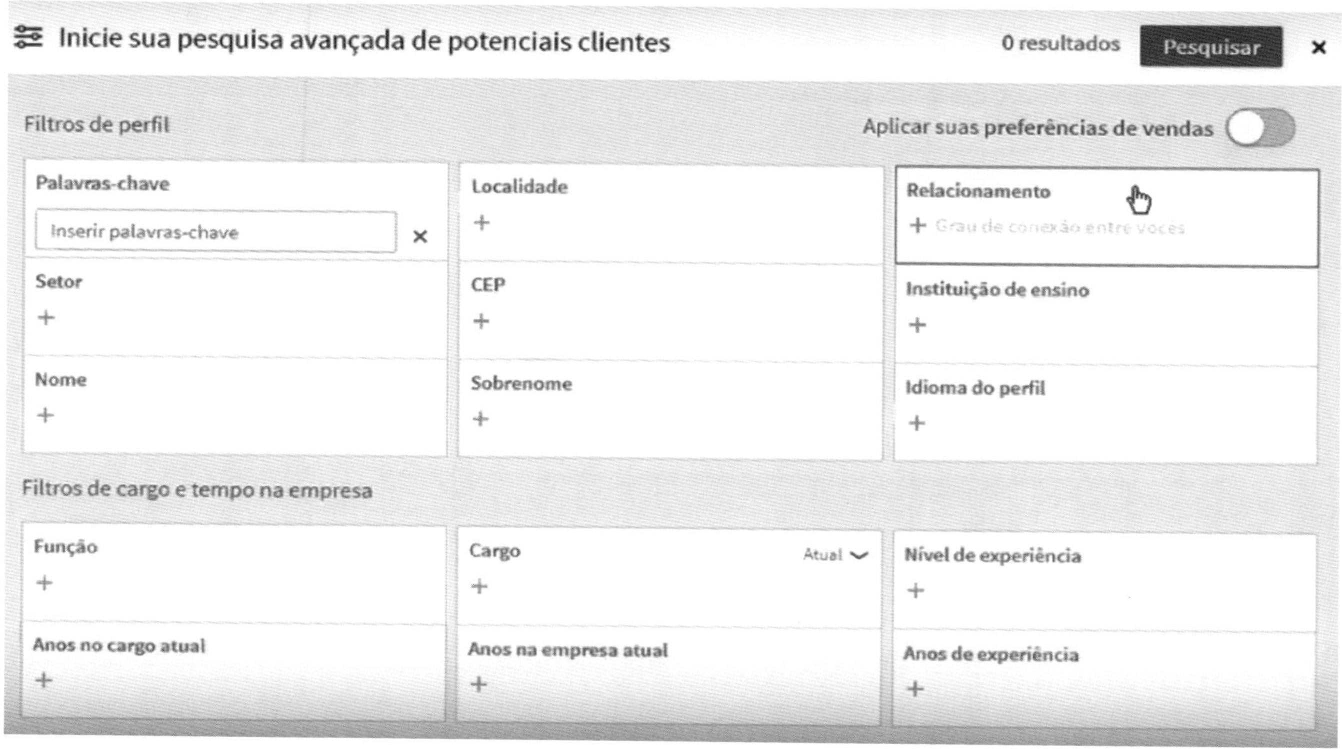

Figura 6.3. Segmentações oferecidas pelo Sales Navigator. Captura de tela do gerenciador de anúncios da plataforma, em março de 2020.

Dicas importantes

#1. Crie autoridade e expresse opiniões

O conteúdo publicado no LinkedIn deve ter profundidade e autoridade. Esses dois pilares são transmitidos principalmente por meio da opinião dos seus usuários. Se sua empresa é autoridade em determinado assunto, publique e comente sobre ele, convide especialistas e colaboradores que poderão embasar o conteúdo publicado. Essa adesão aumentará o engajamento e consequentemente a exposição positiva da marca perante o seu mercado.

#2. Não se esqueça do Pulse

O LinkedIn Pulse é uma rede social dentro do LinkedIn, com poder de difusão de conteúdo, de comentários e de compartilhamentos. Ela, por si só, tem o poder de expor seus artigos a grandes audiências. Escreva com autoridade sobre temas relevantes de sua área de atuação e mantenha essa rede social ativa.

#3. Trabalhe com as segmentações

Uma das maiores vantagens do LinkedIn são suas segmentações profissionais. Além da fidelidade nas informações, esse é o único canal em que é possível segmentar usuários por sua carreira profissional. Estabeleça comunicações e estratégias de publicidade diferenciadas para cada nível, trabalhando de forma mais massiva com os cargos de coordenação e de gerência, e de modo mais personalizado com diretorias e conselhos, por exemplo.

#4. O melhor formato publicitário nem sempre é o mais fácil

No LinkedIn entendemos que o fácil provavelmente será pouco efetivo, mas o que é realizado com curadoria, atenção e cuidado pode ter um efeito surpreendente. Trabalhar publicidades e formatos personalizados pode demandar tempo e muita energia, mas com certeza terá uma efetividade muito maior nessa rede social.

#5. Não confunda LinkedIn com Facebook

Essas são duas redes sociais completamente distintas, por isso trabalhe com temas, conteúdos, tom de voz e imagens diferentes. Pense em cada uma delas como se fossem únicas e não replique seus conteúdos. O usuário, quando navega no LinkedIn, busca atualização e exposição profissional, diferentemente de quando acessa o Facebook, no qual o entretenimento e o engajamento pessoal estão em primeiro lugar.

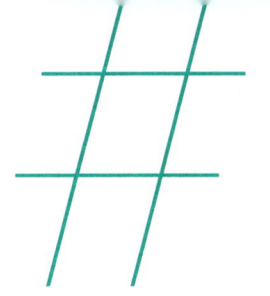

7
Mídia programática:
a nova compra de mídia

Quando pensamos nas campanhas nos sites e portais, com os tradicionais formatos de banners, muitas vezes nos deparamos com a falta de efetividade, em comparação com as mídias sociais e as buscas pagas.

De fato, se compararmos a conversão de um buscador, como o Google, *versus* um banner em um portal, a diferença é grande, porque influenciam o usuário em momentos diferentes de sua jornada de compra.

As redes de pesquisa impactam os usuários no momento de busca e de decisão de compra, diferentemente do usuário que está lendo uma notícia em um portal e vê um banner publicitário, no qual ele não está buscando determinado produto ou serviço. Logo, quando impactado, dificilmente deixará sua leitura para realizar uma compra. A publicidade no formato display (banner), em um site ou em um portal, estimulará o usuário a comprar no curto ou médio prazo, o que provavelmente se refletirá em uma ação futura.

Mas, pensando dessa forma, por que as empresas ainda investem milhões em mídias digitais?

Impactar o usuário em toda sua jornada de compra é fundamental e as marcas já entenderam isso. Estar presente na lembrança do usuário aumenta a probabilidade de conversão em vendas em médio prazo, já que o usuário conhece e tem relacionamento com a marca. Por isso, as estratégias de branding e campanhas de lembrança de marca buscam impactar o consumidor em todos os momentos do seu dia, com formatos cada vez mais inovadores e compras de mídia mais inteligentes.

Considerando essa realidade, as tecnologias para entrega de mídia estão se aperfeiçoando, a fim de proporcionar aos anunciantes o melhor custo-benefício na publicidade. A previsão é de que, no ano de 2020, 65% de toda mídia digital global seja comprada com uso da tecnologia dos meios programáticos. Países mais maduros, com um melhor entendimento sobre os benefícios da compra de mídia programática, como Estados Unidos, Reino Unido e Austrália, já apresentam uma participação de compra mais relevante, comparados aos países em fase de amadurecimento, como é o caso do Brasil, segundo o relatório da World Federation Advertisers (AFW), referente ao ano de 2018, cujos dados foram publicados no portal Mundo do Marketing.

A previsão de crescimento na compra programática em território nacional é contínua. Estima-se que, em 2020, 69% de toda mídia digital no Brasil seja comprada programaticamente, e que, em 2023, esse número cresça para 83%. Veja a previsão completa na Figura 7.1.

Domínio da mídia programática

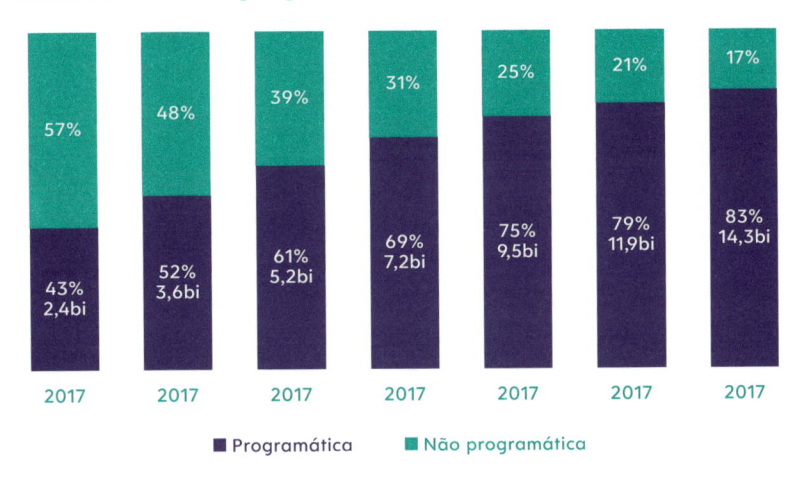

Figura 7.1. Investimento (US$) em mídia programática e não programática no Brasil: histórico e estimativas, de 2017 a 2023. Fonte: adaptado de Statista e Ad Spend Brazil *apud* Guedes (2019).

Entendendo as siglas e as nomenclaturas

Para compreender o funcionamento da mídia programática, é necessário antes estar familiarizado com as nomenclaturas, comumente chamadas de sopa de letrinhas, em razão da grande quantidade de siglas diferentes e em outro idioma. Listamos a seguir os principais termos utilizados em uma operação programática.

- Trading desk: empresas especializadas na operação de softwares de mídia programática.

- Ad networks: redes agregadoras que possuem conglomerados de sites e disponibilizam seu inventário para a venda. Elas podem ser divididas em horizontais, com sites e portais que englobam todos os temas, ou verticais, especializadas em um determinado assunto.

- DMP (data management platform): software de processamento de dados que reunirá conteúdo proveniente de três fontes: informações contidas no seu site e relacionadas ao comportamento dos usuários em todo o fluxo de compra (first-party data), informações contidas em sites parceiros (second-party data) e das ad networks terceiras, e as redes de sites conectadas (third-party data), a fim de entender os melhores canais para se direcionar publicidade a um determinado usuário.

- DSP (demand-side platform): software que processará as informações provenientes da DMP com os dados e os objetivos de campanhas, realizando o leilão em tempo real, com a compra de mídia de acordo com o melhor custo-benefício.

- Ad exchange: software que intermedeia e realiza a compra e venda de espaços publicitários em tempo real.

- RTB (real time bidding): leilão realizado em tempo real, em uma DSP.

- SSP (supply-side platform): plataforma em que são inseridas as informações de perfil e os valores provenientes dos veículos de comunicação e das ad networks, para o processamento do leilão nas DSPs.

Como é realizada a compra programática?

Entende-se como compra de mídia a negociação entre um cliente e um veículo de comunicação para divulgar um produto ou serviço. Imagine, para uma campanha, você ter de analisar e negociar com cinquenta canais de divulgação os melhores espaços, formatos e preços. Seria difícil, correto? Agora, se você pensar que existem milhares de canais de comunicação e um software que consegue processar e entender quais são os melhores canais e formatos para o seu público e realizar a compra de mídia em tempo real, seria mais interessante, não? Esta é a vantagem da compra programática!

Agências e trading desks são as responsáveis por operar os softwares de mídia programática, por meio de suas equipes especializadas, entregando os melhores resultados para seus clientes.

A compra de mídia programática é realizada a partir de softwares que processam dados e informações sobre o perfil do usuário, seus interesses e seus comportamentos, acionando estratégias de mídia para que sejam impactados nos melhores locais e horários, com o melhor custo-benefício.

Diferentemente de quando se faz uma compra direta, analisando-se manual e individualmente cada site, o software auxilia você a selecionar os melhores sites, portais, blogs e outros canais com maior relevância para seu público e considerando o melhor custo-benefício. Essa automatização dá agilidade e economiza esforços, entregando a melhor compra de mídia para uma determinada empresa.

A compra programática é realizada por um software de processamento de dados chamado de DMP, aliado a um software de leilão em tempo real, chamado de DSP.

Como já vimos, o DMP é responsável por coletar e processar três níveis de informações, a first-party data, a second-party data e a third-party data.

Com base na coleta e no processamento dessas informações, é possível entender o perfil do usuário que teve interesse em visitar o seu site, tendo realizado ou não uma transação, sendo possível definir quando e por meio de qual mídia ele deve ser impactado.

As estratégias de mídia podem ser ativadas pela compra programática em diferentes casos. Por exemplo, para os usuários que visitaram o site e não realizaram uma transação, podemos ativar, por meio da plataforma programática, uma campanha de remarketing para estimular o retorno desse mesmo usuário e a finalização da compra. Para usuários que realizaram uma transação, podemos identificar o perfil desse público e ativar uma publicidade para um público semelhante, aumentando assim as chances de conversão.

Após o processamento de dados e da ativação da estratégia de mídia, os dados são direcionados para o software de leilão, o DSP, que seleciona os melhores canais, englobando: sites, portais, blogs, redes sociais e redes mobile, que impactarão o usuário com o melhor custo-benefício. As DSPs operam em um sistema de leilão chamado de RTB, com leilões em tempo real, oferecendo uma entrega de mídia com melhor custo e qualidade.

No ecossistema da Figura 7.2, fica claro como a compra programática é realizada.

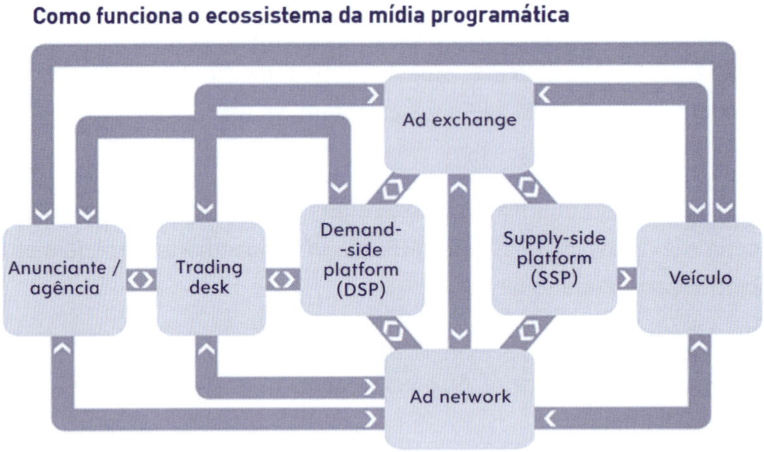

Como funciona o ecossistema da mídia programática

Figura 7.2. Ecossistema de mídia programática. Fonte: Turlao (2014).

Entendendo o ecossistema

O anunciante contrata uma agência ou uma trading desk para a realização da compra programática, já que essas empresas especializadas possuem a licença dos softwares, assim como uma equipe especializada.

A agência ou trading desk recebe as informações e os acessos ao site do cliente para conectar a plataforma programática e ativar a estratégia de mídia, que pode variar desde uma campanha de prospecção de novos usuários até o remarketing e engajamento, por exemplo.

Uma vez ativados, os dados dessa campanha são direcionados para a DSP, que processará e avaliará as melhores opções de entrega entre todas as ad networks conectadas.

Em tempo real, essa mesma DSP realiza a compra de mídia por meio da ad exchange, nos canais e formatos que possuem o melhor custo-benefício no leilão.

Para realizar essa análise e compra em tempo real, as ad exchanges e as ad networks são alimentadas de informações sobre o perfil dos usuários, assim como sobre os valores de venda dos veículos de comunicação, com a inserção de dados em uma plataforma chamada de SSP.

Com isso, encerramos o ciclo representado por esse ecossistema, no qual os softwares têm informações tanto do lado do anunciante quanto do lado do veículo de comunicação, para processar e realizar a melhor compra e entrega de mídia.

Vantagens da compra programática para os anunciantes

As vantagens da compra programática são muitas, em virtude da inteligência e da automação que os softwares proporcionam. A seguir, destacamos algumas vantagens importantes.

- Otimização de tempo: de forma massiva, é possível detectar os melhores locais para a compra e a entrega de publicidade, sem a necessidade de avaliar e negociar individualmente com cada site ou portal parceiro.

- Compra de mídia com melhor custo-benefício: o software veiculará a mídia nos canais mais qualificados segundo o interesse do seu usuário, contemplando o melhor custo no leilão.

- Transparência: os softwares de mídia programática mostram quais os sites e ad networks que possuem a melhor performance, permitindo a descoberta de novos canais de divulgação.

- Filtros antifraude: a mídia não é veiculada em nenhum canal fraudulento ou de conteúdo restrito.

Vantagens da venda programática para os veículos de comunicação

Para os veículos de comunicação também pode ser muito interessante abrir seus espaços de mídia para a venda programática. A seguir, são apresentadas algumas das principais vantagens desse tipo de venda.

- Os espaços publicitários ociosos serão monetizados em tempo real, sem nenhum esforço da equipe de vendas.

- Possibilidade de abrir seu portfólio para empresas e clientes globais que compram apenas via mídia programática. Muitas marcas possuem verbas e campanhas específicas para esse canal.

- O seu site estará na visão das agências e *traders* especializados em mídia programática.

- Você poderá elencar espaços publicitários para negociações diretas e com melhor rentabilização.

- Também é permitido inserir listas de bloqueios automatizadas, para que concorrentes não tenham acesso ao seu inventário.

Negociações diretas via plataforma programática

As negociações diretas por meio das plataformas programáticas são realizadas entre um veículo de comunicação específico e um anunciante em tempo real. Nesse caso, é inserido um valor fechado pelo espaço publicitário selecionado, por meio de uma ad exchange, garantindo ao anunciante a preferência do espaço escolhido e, consequentemente, vendido a um valor maior.

Assim, o veículo de comunicação pode garantir espaços privilegiados para as negociações diretas com um maior valor agregado e abrir seu inventário ocioso para a compra programática global.

Dicas importantes

#1. Inicie a compra programática com um especialista

Buscar agências ou especialistas é o primeiro passo para começar a compra programática. Eles serão responsáveis por manusear e monitorar as plataformas, ativando campanhas de resultado.

#2. Faça testes AB

Os testes AB são importantes tanto para verificar a eficácia da mídia programática quanto para testar criativos, botões de *call to actions*, entre outras variáveis. Realizar um teste, comprando mídia direta e ativando paralelamente uma campanha de mídia programática mostrará os diferenciais competitivos da campanha operada por meio da compra programática. Ao realizar o teste AB, é importante que os parâmetros de comparação sejam os mesmos: a campanha deve ser realizada no mesmo período, com os mesmos investimentos e criativos. Dessa forma, a comparação poderá ser analisada de forma correta.

#3. Defina corretamente os KPIs de sua campanha

Para operar as campanhas, é necessário ter de forma clara os objetivos e os indicadores de performance esperados. Os softwares irão entregar a mídia de acordo com o que tiver sido inserido na plataforma programática. Por exemplo, se a campanha tem o objetivo de prospectar novos usuários, ela não poderá ser mensurada por conversão.

#4. Conversão post view

Um dos diferenciais da mídia programática é a transparência e o aprofundamento de dados. Com ela, você poderá ter acesso a percentuais de visualização de um banner, assim como da conversão post view, que ocorre quando o usuário visualiza a publicidade e, após um período de tempo determinado, realiza a compra. A métrica de conversão post view mostra a eficácia e a influência que um banner estabelece antes da conversão.

#5. Entenda todas as possibilidades dentro de uma DSP

O nível de segmentação de uma DSP paga é altamente superior a uma plataforma programática gratuita disponibilizada pelos veículos de comunicação digitais, como Google e Facebook, entre outros. Por isso, é necessário entender todas as possibilidades de segmentação, filtros e impactos que podem ser realizados por meio desse software.

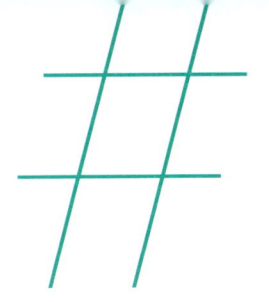

8
Marketing de conteúdo e a geração de leads

A proliferação do conteúdo na internet é algo já incorporado em nosso dia a dia. O conteúdo gerado por uma marca é responsável não somente por aumentar sua exposição, mas por gerar autoridade, engajamento e acompanhar o consumidor durante toda sua jornada de compra.

Empresas de todos os segmentos descobriram que precisam entregar o que o consumidor procura e, hoje, todos buscam por informações dos mais variados tipos e formatos. Blogs, artigos, vídeos, infográficos e posts são algumas ferramentas do marketing de conteúdo, a fim de atrair o interesse do consumidor.

Nesse contexto, o inbound marketing ou marketing de atração é o conjunto de técnicas aplicadas em ambiente digital que atraem e encantam o usuário, oferecendo a ele um conteúdo de interesse, a fim de que se envolva com a marca e se torne um consumidor. Diferentemente da publicidade (outbound marketing), a atração pelo conteúdo estabelece uma maior conexão com seu consumidor, daí sua relevância.

Brian Halligan e Dharmesh Shah, fundadores do software Hubspot e considerados os "pais" do inbound marketing, por terem possibilitado a sistematização de uma campanha até a geração de leads, explicam do que se trata a estratégia:

> **PARA TER SUCESSO E EXPANDIR SUA ORGANIZAÇÃO, VOCÊ PRECISA COMBINAR A MANEIRA COMO COMERCIALIZA SEUS PRODUTOS COM A MANEIRA COMO SEUS CLIENTES EM POTENCIAL APRENDEM E COMPRAM SEUS PRODUTOS. VOCÊ FAZ ISSO GERANDO LEADS POR MEIO DO INBOUND MARKETING. (HALLIGAN; SHAH, 2014)**

Ou seja, entendendo quais informações são buscadas sobre seu produto ou serviço e em quais canais, é possível gerar conteúdo de interesse e divulgá-lo nos canais utilizados pelo seu público, buscando captar leads qualificados.

Para a realização das campanhas de marketing de conteúdo, é necessário trabalhar em três frentes, cada uma com uma série de técnicas para impactar melhor o seu consumidor-alvo.

- Produção de conteúdo: tudo começa com a criação de conteúdo relevante, com textos otimizados, utilizando-se regras para melhorar a indexação orgânica nos mecanismos de busca.

- Jornada de compra e funil de atração: é necessário entender o momento de compra e o envolvimento do consumidor com a marca, para entregar o conteúdo ideal.

- Meios de divulgação: com o conteúdo em mãos e o planejamento traçado para impactar o seu público-alvo em sua jornada de compra, é chegada a hora de selecionar as plataformas para difusão de conteúdo, como blogs e redes sociais.

Produção de conteúdo

Centenas de conteúdos são produzidos e postados diariamente, porém apenas alguns se destacam e ocupam as primeiras posições das páginas de busca. Diante desse cenário, empresas buscam produzir materiais cada vez mais relevantes, aperfeiçoando suas técnicas a fim de ocupar as primeiras posições do ranking.

Mas como produzir um conteúdo relevante, que concorra pelas primeiras posições nas páginas de busca?

1. **Defina a sua persona**

   Persona é a representação de um público-alvo para a empresa. Entender a persona é conhecer profundamente seus interesses, comportamentos e preferências, onde trabalha, qual cargo ocupa, quais são seus hobbies e gostos. Entender seu público em profundidade é o primeiro passo para criar um conteúdo relevante para ele.

   Uma marca pode ter uma, duas ou até três personas, mas lembre-se: para cada persona é criado um tipo de conteúdo, com linguagem e tom de voz específicos.

2. **Crie um conteúdo relevante**

   Conteúdos profundos, extensos e informativos, com dicas direcionadas para os interesses de sua persona, além de imagens e vídeos complementares são entendidos pelas plataformas de busca como mais relevantes e, consequentemente, mais acessados.

   Entregar informações completas, didáticas e educativas, utilizando uma linguagem próxima à sua persona, dará relevância ao conteúdo elaborado, além de estabelecer maior conexão com o público e melhorar a reputação da marca. O marketing de conteúdo é feito para gerar informação relevante, e não para vender um produto ou serviço. A venda é intrínseca e posterior ao relacionamento conquistado.

3. **Utilize técnicas de SEO
(search engine optimization)**

Implementar técnicas de SEO no conteúdo é fundamental para que os algoritmos das plataformas de busca reconheçam e promovam organicamente seu conteúdo. As técnicas variam desde o uso de linguagem objetiva, seleção de palavras-chave, otimização de imagens e inserção de links com conteúdos complementares.

Quanto mais objetiva e informativa for a comunicação, utilizando blocos de textos e parágrafos curtos, melhor será o reconhecimento desse conteúdo nos motores de busca.

As informações inseridas devem conter as principais palavras-chave do seu negócio. Para definir e elencar as palavras-chave, é necessário primeiro responder a pergunta: "Quais são os produtos ou os serviços que você quer promover organicamente nos buscadores?". Essas serão as principais palavras-chave do seu negócio.

A segunda pergunta que deve ser respondida é: "Esses produtos ou serviços são buscados pelos usuários?". Se a resposta for sim, aposte nessas palavras-chave e insira nos conteúdos postados. Se não houver busca, entenda quais produtos e serviços do seu portfólio são buscados na internet, dessa forma você otimizará seus esforços de conteúdo para uma quantidade de buscas relevantes.

PONTO DE ATENÇÃO!

Existem softwares que auxiliam na criação e seleção das melhores palavras-chave, de acordo com o segmento de negócio ou site. Eles entendem o perfil do site e mostram as principais palavras-chave, além de apresentar o volume de busca dos usuários por esses termos, os concorrentes nos buscadores de rede de pesquisas, plataformas de vídeo, etc.

Entender quais são as palavras-chave com maior volume e a concorrência de cada uma ajuda a direcionar melhor suas estratégias de conteúdo. Por exemplo, ao utilizar palavras-chave com alta concorrência, é difícil o seu conteúdo conquistar o topo do ranking nos motores de busca, seu trabalho deverá ser contínuo e de médio prazo. Para isso, aposte em palavras-chave complementares, até que obtenha indexação nos termos principais. Já os nichos de mercado tendem a ter uma menor concorrência, logo os esforços podem ser mais concentrados nas palavras-chave principais do negócio, a fim de conquistar as primeiras posições no curto prazo.

Além das palavras-chave, a utilização de imagens e vídeos enriquecem e dão mais autoridade ao conteúdo, por isso também são recomendadas. Não se esqueça de nomear essas imagens, utilizando as palavras-chave do seu negócio, pois elas também ajudarão na indexação.

Outra estratégia muito recomendada é a utilização de links com informações complementares ao conteúdo, recurso chamado de link building. Inserir weblinks conectando conteúdos gera mais informações aos usuários e, consequentemente, seu material é entendido como de maior relevância. Os links podem ser internos, para conteúdos complementares disponíveis no seu próprio site, ou externos, que direcionam os usuários a outros sites.

Os conteúdos internos são mais utilizados, pois aumentam o tempo de permanência do usuário no site; já os externos geralmente são utilizados como fonte de informação e embasamento. O cuidado que deve se ter com essa estratégia é a garantia de que os links levarão para páginas existentes. Links que direcionam para páginas com erros ou inexistentes podem prejudicar o seu page rank, que é a pontuação dada por um software que avalia a importância do seu site comparado a outros, nos mecanismos de busca.

Jornada de compra e funil de atração

Jornada de compra

Ao estudar a jornada de compra do usuário, é possível entender em qual estágio da tomada de decisão ele está. Isso permite que planejemos a melhor forma de se comunicar com o usuário em cada etapa, já que, quanto mais próximo da decisão de compra, mais detalhes e informações ele irá buscar sobre o produto ou serviço.

Podemos dividir em quatro estágios a jornada de compra, como veremos a seguir.

1. APRENDIZADO E DESCOBERTA

O usuário ainda não tem interesse específico sobre o produto ou serviço, ele busca apenas informações sobre uma área de interesse.

Nesse momento, os melhores recursos para impactar seu usuário são conteúdos informativos, que podem ser trabalhados publicando-se artigos em blogs, posts em redes sociais ou vídeos com dicas e informações sobre o tema, por exemplo.

Assim, o usuário fará um primeiro contato com sua marca de forma contextualizada, pois a empresa gerará um conteúdo que ele estava buscando, mas esse ainda não será o momento da venda.

2. RECONHECIMENTO DO PROBLEMA

O usuário já sabe algo sobre o assunto e reconhece que tem um problema sobre o qual ele deve se aprofundar, buscando informações complementares. Materiais como infográficos, *e-books* e vídeos são muito bem aceitos nessa fase, já que fornecem detalhes sobre os temas.

Esse seria então o momento de disponibilizar esse conteúdo ao usuário, contextualizando as soluções e observando seu comportamento. Se o usuário continuar buscando mais informações e interagindo, ele estará a caminho da consideração da solução. Caso não esteja, provavelmente ele ainda buscará mais informações sobre sua necessidade.

3. CONSIDERAÇÃO DA SOLUÇÃO

O usuário pesquisou as possíveis soluções e agora está considerando qual a melhor opção de escolha. Esse é o momento em que a sua empresa deve aparecer, mostrando claramente que possui a melhor solução. Como o usuário conhece e já interagiu com a sua empresa, ele receberá a solução de um fornecedor que já é familiar a ele.

Nessa fase, a equipe de vendas deve observar e, se possível, interagir com esse usuário, pois ele já sabe que precisa da solução, basta apenas escolher o que melhor se encaixa à necessidade e ao bolso dele.

4. DECISÃO DE COMPRA

Realizada a consideração, o usuário busca interagir com a solução para decidir e efetua a compra do produto ou serviço. As marcas pecam com frequência em acreditar que após a conversão a jornada do usuário está encerrada. Esse usuário já é seu cliente, agora o desafio é trabalhar o relacionamento e atendimento, a fim de que ele passe a ser seu "advogado", defendendo e indicando seus produtos e serviços a outras conexões.

Na figura a seguir, você poderá observar as quatro etapas da jornada de compra de um usuário e os tipos de conteúdo que deverão ser disponibilizados a ele, em cada uma delas.

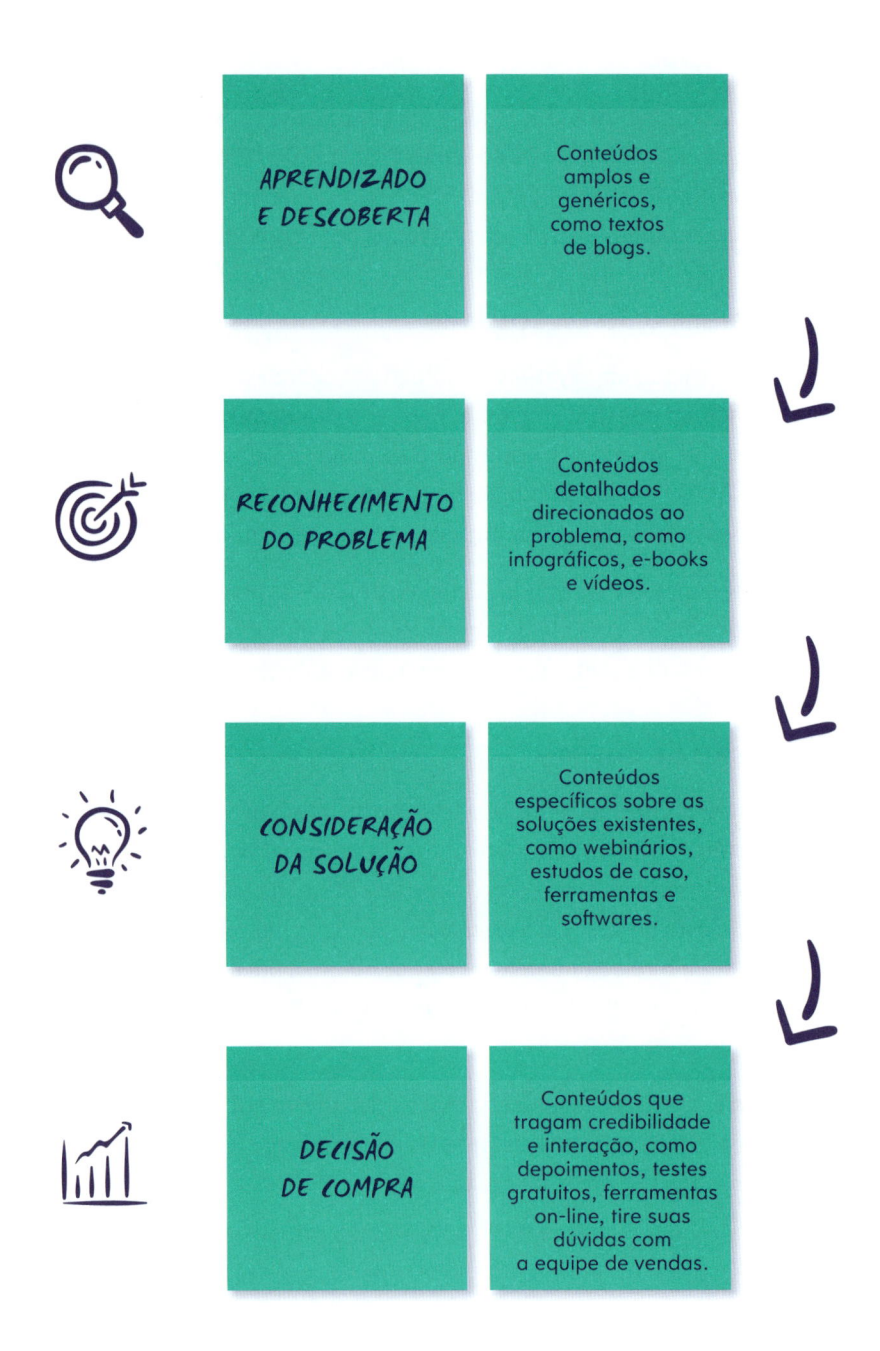

Figura 8.1. As quatro etapas da jornada de compra e materiais que devem ser disponibilizados, para cada um desses momentos.

Funil de atração

Analisando a jornada de compra, vemos que os usuários passam por um "funil" de aquecimento, onde eles entram como visitantes e saem como clientes e defensores da marca.

A utilização do funil nos ajuda a organizar o processo da jornada de compra e a entender quais materiais devem ser produzidos e quais informações devem ser captadas em cada etapa, para que esse usuário chegue à conversão.

Essencialmente, o funil de atração pode ser dividido em quatro estágios: visitantes, leads, oportunidades e clientes, conforme veremos a seguir.

1. VISITANTES

O usuário, uma vez atraído por um conteúdo indexado organicamente ou até mesmo pago, estabelece o primeiro contato com a marca e passa a ser um "visitante" do seu site ou de sua rede social. Agora será necessário entender se ele tem potencial para ser um prospect e futuro cliente ou se estava apenas buscando informações, sem ter um objetivo específico. Esse prospect potencial é nomeado nas campanhas de conteúdo como lead.

Para saber se os visitantes possuem ou não potencial, é necessário instigá-los com conteúdos complementares, geralmente disponibilizados "gratuitamente", em troca de informações e de interações. Se o visitante responde positivamente e se engaja com esses conteúdos, a probabilidade de estar no estágio de reconhecimento do problema é grande! Logo, ele pode ser considerado como um prospect potencial.

As informações solicitadas "em troca" de um bom conteúdo têm como objetivo estabelecer um relacionamento posterior com o usuário, sendo comuns se solicitar a ele alguns dados, como nome, e-mail, telefone e uma pergunta pertinente ao negócio – essa pergunta é de extrema importância, pois irá estabelecer o filtro se esse usuário pode ser considerado um lead ou não. Um bom exemplo de perguntas que podem ser feitas nos formulários de empresas que trabalham com clientes B2B são as relacionadas ao cargo do usuário e ao número de funcionários da empresa em que trabalha. Com essas duas informações, conseguimos entender se a pessoa que deixou seus dados tem poder de decisão, assim como saber o tamanho e o potencial do cliente.

2. LEADS

O usuário que deixou suas informações para receber um conteúdo sobre determinado assunto já pode ser considerado um lead. Envie a ele o conteúdo solicitado – cuidando para que seja relevante e informativo – e comece a estabelecer contato por e-mail, SMS e WhatsApp, entre outras plataformas.

Para a captação de leads, são utilizadas diversas estratégias, como: formulários em blogs, landing pages específicas para download de materiais, campanhas patrocinadas de leads nas redes sociais, etc.

De acordo com o engajamento realizado, o lead receberá uma pontuação chamada de lead score, que o categorizará em baixo, médio ou alto potencial. Essa pontuação é realizada por meio de uma plataforma de captação, automação e gerenciamento de leads, que descreveremos mais adiante.

3. OPORTUNIDADES

Estabelecido o contato e captados os dados dos usuários, o desafio será transformar o lead potencial em um "lead quente". Ou seja, prepará-lo para a conversão.

Estabeleça uma régua de automação, com disparos automatizados, enviando cases de sucesso, depoimentos, conteúdos complementares e sempre instigando o usuário a interagir, para entender em profundidade o seu momento de compra.

Esses dados são interpretados a partir de botões chamados de CTA (call to action), que estimulam a ação do usuário para a captação de dados e o entendimento do seu comportamento.

Questionamentos, convites de evento, webinários, demonstrações e até mesmo ativações da equipe comercial com ligações e e-mails personalizados são estratégias que possibilitam compreender se esse lead está na fase de consideração da solução. Quanto mais engajado, maior a probabilidade do usuário caminhar para a decisão.

Os leads que se engajaram em toda a jornada são categorizados como oportunidades, e estão no momento da consideração da solução. Esse é o momento de maior atenção, pois o usuário está buscando as melhores opções para sua escolha.

A equipe de vendas deve ser sinalizada para que possa estabelecer um contato e enviar a oferta do seu produto ou serviço, para trabalhar essa venda potencial.

> **PONTO DE ATENÇÃO!**
>
> Campanhas de inbound marketing trabalhadas junto a equipes comerciais geram maior conversão do que campanhas 100% automatizadas. A intervenção da equipe de vendas na fase de oportunidade traz resultados altamente positivos.

4. CLIENTES

Realizada a conversão, esse usuário se torna um cliente!

Esse usuário espera a entrega de produtos e serviços de qualidade; nesse momento, é necessário surpreender e encantar. O cliente preza pela qualidade, mas opta por quem estabelece um serviço e atendimento de excelência.

Um bom relacionamento com o cliente é quesito fundamental para que ele se transforme em "advogado" e passe a indicar sua marca. Lembre-se de que empatia e confiança são gatilhos mentais que influenciam a decisão de compra, por isso, não deixe de se aproximar do seu cliente e de construir um relacionamento de médio e longo prazo.

Figura 8.2. Funil de atração.

Gerenciamento de leads

Para manter o controle de conteúdo e a frequência de engajamento em cada etapa da jornada de compra, é necessário o auxílio de uma plataforma de captação, automação e gerenciamento, em virtude do volume de leads gerados em uma campanha.

Atualmente, existem inúmeros softwares de mercado especializados na gestão de campanhas de inbound marketing, entro os quais podemos destacar alguns, como RD Station, SharpSpring e Hubspot.

Essas plataformas possibilitam gerenciar a captação de leads, inserindo formulários em sites e criando landing pages otimizadas para downloads de conteúdos, além de integrar todos os e-mails de automação de uma campanha e de dispará-los para os leads em cada etapa da jornada. Já pensou em ter de controlar tudo isso sozinho? Certamente ficaria difícil! Por isso é importante, ao traçar uma estratégia de leads, ter em mente a necessidade de investir em uma plataforma.

No entanto, antes de aderir à licença de uma plataforma, é importante que conheça os pontos fortes e fracos, e saiba qual o custo de investimento mensal de cada uma delas, para que possa fazer a sua escolha. Uma vez estabelecida a jornada de compra e os processos de automação, mudar para uma outra plataforma não é tão fácil.

Meios de divulgação

A base de uma campanha de inbound marketing é atrair o usuário com um bom conteúdo, por isso, é necessária a criação de depositórios de conteúdo no ambiente digital vinculados à marca. É importante ter autonomia sobre os ambientes de conteúdo, construindo depositórios próprios da marca. Muitos depositam seus conteúdos somente nas redes sociais, e consequentemente passam a depender de uma plataforma terceira.

Os conteúdos podem ser depositados em plataformas de blogs ou até mesmo em landing pages integradas ao site, com ricos materiais vinculados à sua área de atuação, que podem ser apresentações, infográficos, e-books, vídeos, plataformas EAD (ensino a distância), webinários, entre outros.

Independentemente do formato, o importante é criar conteúdos relevantes e com possibilidade de compartilhamento e difusão. Inserir botões para compartilhamento social permite uma melhor indexação orgânica nos motores de busca e o aumento no alcance desse material, além das estratégias de palavras-chave e SEO, citadas anteriormente.

Publicando conteúdos de valor em uma plataforma própria, as redes sociais tornam-se as principais responsáveis pela difusão e pela amplitude no alcance da informação, sendo complementares à divulgação. Você pode compartilhar posts e vídeos e promovê-los nas redes sociais, aumentando assim o alcance desse conteúdo para um público potencial. Além das redes sociais, o conteúdo também pode ser divulgado em outras plataformas de mídia, direcionando a persona para landing pages e formulários, que oferecerão os conteúdos que ela estiver buscando.

Dicas importantes

#1. Gerador de persona

Criar a persona é o primeiro passo para a produção de um bom conteúdo. A empresa Rock Content, em parceria com a Resultados Digitais, disponibilizou gratuitamente o site "gerador de personas", em que intuitivamente e seguindo um passo a passo, você pode criar a persona do seu negócio. Vale a pena conhecer!

Escaneie o QR Code para acessar o gerador de persona.

Gerador de personas

https://geradordepersonas.com.br/

#2. Gatilhos mentais para acelerar vendas

Gatilhos mentais são estratégias criadas a fim de estimular o usuário a praticar uma ação. Conteúdos trabalhados com gatilhos tendem a aumentar o imediatismo de resposta e, por isso, são estratégias muito utilizadas no marketing de conteúdo.

Erico Rocha (2016), em seu livro *Sacadas de empreendedor*, destaca um gatilho mental importante ao desenhar estratégias de conteúdo: *"Um dos gatilhos mentais mais fortes que existe é o de escassez. O ser humano naturalmente quer e deseja aquilo que é escasso"*.

A seguir, colocamos alguns dos principais gatilhos mentais que devem ser inseridos nos conteúdos, a fim de ativar reações e atitudes subconscientes nos usuários.

- Escassez e urgência: "por tempo limitado", "restam poucas vagas", "últimas unidades", "90% vendido".
- Prova social: utilização de testemunhais e avaliações que comprovem a qualidade do produto ou serviço.
- Reciprocidade: dê mais do que o usuário espera, com a real intenção de ajudá-lo. Esse encantamento gerará um sentimento de reciprocidade no usuário.
- Afeição: conte sua história e estabeleça conexões, construindo um relacionamento real e de longo prazo. Os usuários tendem a fazer negócios com quem possuem algum vínculo ou afeição.

#3. Alie estratégias de conteúdo com investimentos em mídia

Aliar estratégias de conteúdo junto a investimentos de mídia durante a jornada de compra do usuário é o melhor meio para aumentar a eficácia e dar rápido alcance à sua campanha.

#4. Utilize softwares de gestão

Impactar usuários segmentados com conteúdos distintos requer um software de gestão – caso contrário, a informação ficará defasada e será perdido o imediatismo tão requerido em ambiente digital. E não pense que você conseguirá realizar toda a automação sozinho: somente softwares são capazes de organizar todo esse fluxo de informações, gestionando a campanha. Procure um software que se encaixe às suas necessidades e aos seus investimentos disponíveis.

#5. Integração com CRM de vendas

Na hora de escolher o software de gestão, é difícil entender seus diferenciais e o que realmente será importante para sua empresa. Comece buscando um software que ofereça integração com o CRM de vendas. Dessa forma, os leads entrarão de forma automatizada no pipeline da equipe de vendas, auxiliando no controle e nos resultados das campanhas.

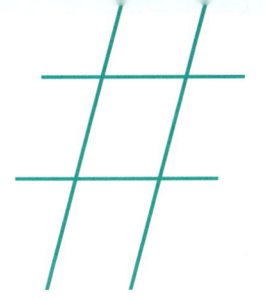

9
Marketing de influência

O marketing de indicação, conhecido como boca a boca, sempre obteve os melhores resultados entre os meios de divulgação, afinal, a empresa é recomendada por um terceiro que valida seus produtos e serviços.

Por outro lado, o marketing boca a boca não cria a escala necessária que as empresas necessitam e, por isso, os investimentos de marketing também são direcionados para outros meios.

Com o advento da internet e consequente pulverização das mídias, iniciaram-se as "indicações digitais", primeiro por meio de blogs, em que os bloggers experimentavam produtos ou serviços de empresas e divulgavam-nos em seus canais e, mais adiante, o mesmo era feito em formato de vídeo, com a aparição de centenas de *vlogs*, principalmente estabelecidos no YouTube.

Com a ascensão do Instagram e a facilidade de se criar e editar vídeos, os influenciadores digitais ganharam força e hoje são os principais responsáveis pelo marketing de influência em suas comunidades.

O número de blogs e influenciadores digitais foi crescendo e tomando proporções astronômicas: atualmente, são milhares de influenciadores digitais divididos em nichos e nanonichos de mercado, aumentando o desafio para empresas e profissionais de marketing na seleção dos perfis mais adequados e de qualidade.

Com essa disseminação, foi necessário categorizar esses profissionais, a fim de estabelecer parâmetros tanto para os anunciantes quanto para os produtores de conteúdo – essa separação quantitativa é apenas teórica, dado que a avaliação deve ser realizada pelo engajamento e alcance proporcionado pelo influenciador.

A seguir, apresentamos a categorização publicada pela plataforma Influency.me, que classifica os influenciadores digitais como: nanoinfluenciador, microinfluenciador, intermediário, macroinfluenciador e megainfluenciador, de acordo com a quantidade de seguidores que possuem em suas comunidades.

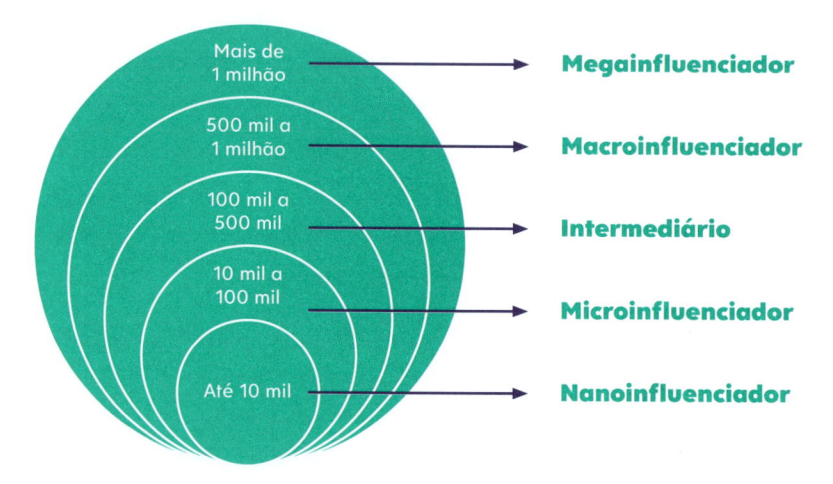

Figura 9.1. Categorização de influenciadores digitais, conforme o número de seguidores. Fonte: adaptado de Influency.me (2019).

Nano e microinfluenciadores

Categorizados como influenciadores de até cem mil seguidores, os nano e microinfluenciadores têm grande impacto nas pequenas comunidades e nichos de mercado.

Não menos importantes que os demais, eles possuem uma alta taxa de engajamento junto aos seus seguidores e realizam um importante papel na propagação do marketing de influência, principalmente nas comunidades regionais. Segundo matéria publicada na plataforma de monitoramento MightyScout, por Joe Anderson, seu fundador, 82% dos seguidores de um microinfluenciador estão dispostos a seguir suas recomendações, o que não ocorre quando o influenciador é uma celebridade, por exemplo.

O planejamento junto a essa categoria deve ser realizado com cuidado e atenção, pois, para que seja possível atingir um número relevante de pessoas em uma campanha, é necessário trabalhar com grupos de nano e microinfluenciadores concomitantemente, e o monitoramento de todas as atividades e conteúdos pode ser uma tarefa difícil.

Como todo profissional, os nano e microinfluenciadores cobram pela divulgação de produtos ou serviços, mas, diferentemente dos macro e megainfluenciadores, eles são próximos e acessíveis, facilitando a negociação e sendo comum a prática de permutas junto às empresas.

A Airfluencers, plataforma de gestão de influenciadores, publicou uma matéria em setembro de 2019 em que citava dados de uma pesquisa realizada pela Launchmetrics, junto a influenciadores dos Estados Unidos e da Europa, avaliando quais eram os interesses deles na relação de trabalho junto às marcas. Conforme podemos constatar a seguir, a questão não se restringe apenas a parâmetros financeiros.

Expectativa dos microinfluenciadores ao se relacionarem com uma marca:

- 27% relação financeira;
- 20% exposição promovida pelo relacionamento com a marca;
- 19% recebimento de produtos;
- 16% promoção de conteúdo e de informações valiosas;
- 10% novas experiências;
- 8% network entre pessoas e marca.

Fonte: Airfluencers (2019).

Infelizmente, no Brasil ainda não existe uma tabela referencial de preços para o trabalho dos influenciadores. Em razão disso, os valores variam em altas proporções, sendo necessária a negociação e avaliação caso a caso.

Intermediários e macroinfluenciadores

Os intermediários e macroinfluenciadores geram relevância para a marca em maiores proporções. Eles são admirados por uma quantidade expressiva de seguidores, ampliando a divulgação e o alcance, como as marcas esperam e precisam.

Quando há um maior número de seguidores, de maneira geral, há uma menor taxa de engajamento, porém existem muitos intermediários e macroinfluenciadores que cuidam de seus conteúdos com atenção e mantêm altas taxas de engajamento, tornando-se ferramentas valiosas nas estratégias de marketing das empresas.

Essa categoria de influenciadores está na mira das marcas, pois eles representam uma faixa intermediária entre os microinfluenciadores que possuem engajamento – porém, em pequena escala – e as celebridades com alto alcance e taxas de engajamento baixas, em razão de sua penetração massiva. Eles possuem um alcance relevante dentro de uma comunidade que se relaciona proximamente com eles.

Megainfluenciadores

Também conhecidos como celebridades, os megainfluenciadores são aqueles com mais de 1 milhão de seguidores. Seguidos por muitos e observados por todos os canais de comunicação, eles têm o poder da mídia nas mãos. São canais independentes, com alcances midiáticos, conseguindo impactar uma grande massa de consumidores para as marcas.

A vantagem da utilização desses influenciadores midiáticos é que, diferentemente de uma mídia tradicional, eles utilizam sua imagem de forma contextualizada para a marca. Por meio de suas postagens, eles representam os objetivos traçados pelos profissionais de marketing de forma individual, personalizada e com qualidade.

Os investimentos para essa categoria de influenciadores costumam ser elevados, podendo alcançar a seis dígitos o custo para apenas uma postagem.

A imagem a seguir ilustra bem as diferentes categorias de influenciadores:

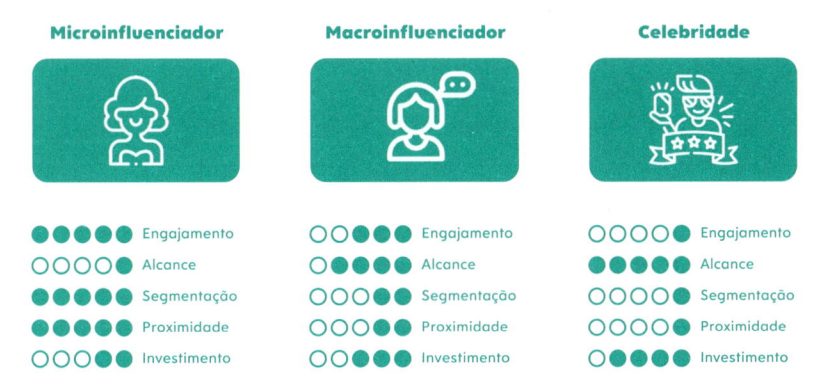

Figura 9.2. Comparativo entre micro, macroinfluenciador e celebridade.

Planejamento de campanha junto a influenciadores

Uma vez traçado o objetivo de sua campanha, é necessário selecionar com qual categoria de influenciadores será realizado o trabalho. Se o foco for regional e segmentado, trabalhar com um grupo de nanos e microinfluenciadores pode ser interessante. Já se a escala que a marca pretende alcançar for maior, opte por macroinfluenciadores, que darão mais impacto na divulgação.

Um fator também decisivo para a escolha são os investimentos disponíveis. Uma campanha nacional com macroinfluenciadores pode demandar investimentos altos.

Como selecionar os influenciadores para uma campanha?

Além da seleção e curadoria de conteúdo manual, a utilização de softwares traz insights relevantes sobre os influenciadores de determinados segmentos e regiões, o que auxilia na seleção. Com essas plataformas, é possível entender a taxa de engajamento de um influenciador em cada canal, assim como o perfil dos seus seguidores. Entender a taxa de engajamento é fundamental, pois perfis com alto número de seguidores não necessariamente possuem alta qualidade.

Na imagem a seguir, é possível visualizar as informações captadas pela plataforma de gestão Influency.me, mostrando os índices de crescimento e relevância de um influenciador em cada uma de suas redes sociais, assim como os percentuais de engajamento. A plataforma também nos permite verificar dados de gênero e idade dos seus seguidores, além de informações complementares que permitirão às empresas e profissionais de marketing analisar a penetração de cada influenciador, auxiliando a selecioná-los.

Selecionado o grupo de influenciadores que participarão da campanha, o próximo passo é entrar em contato e negociar individualmente suas ativações junto aos influenciadores.

Uma vez negociada a ação, partimos para o desenvolvimento do conteúdo, que deve primariamente responder as questões a seguir.

- *Qual o objetivo de marketing para essa campanha?*
- *Qual o produto ou serviço que será divulgado?*
- *Qual o período da campanha?*
- *Será enviada uma amostragem do produto ou realizada uma experiência com o serviço divulgado?*

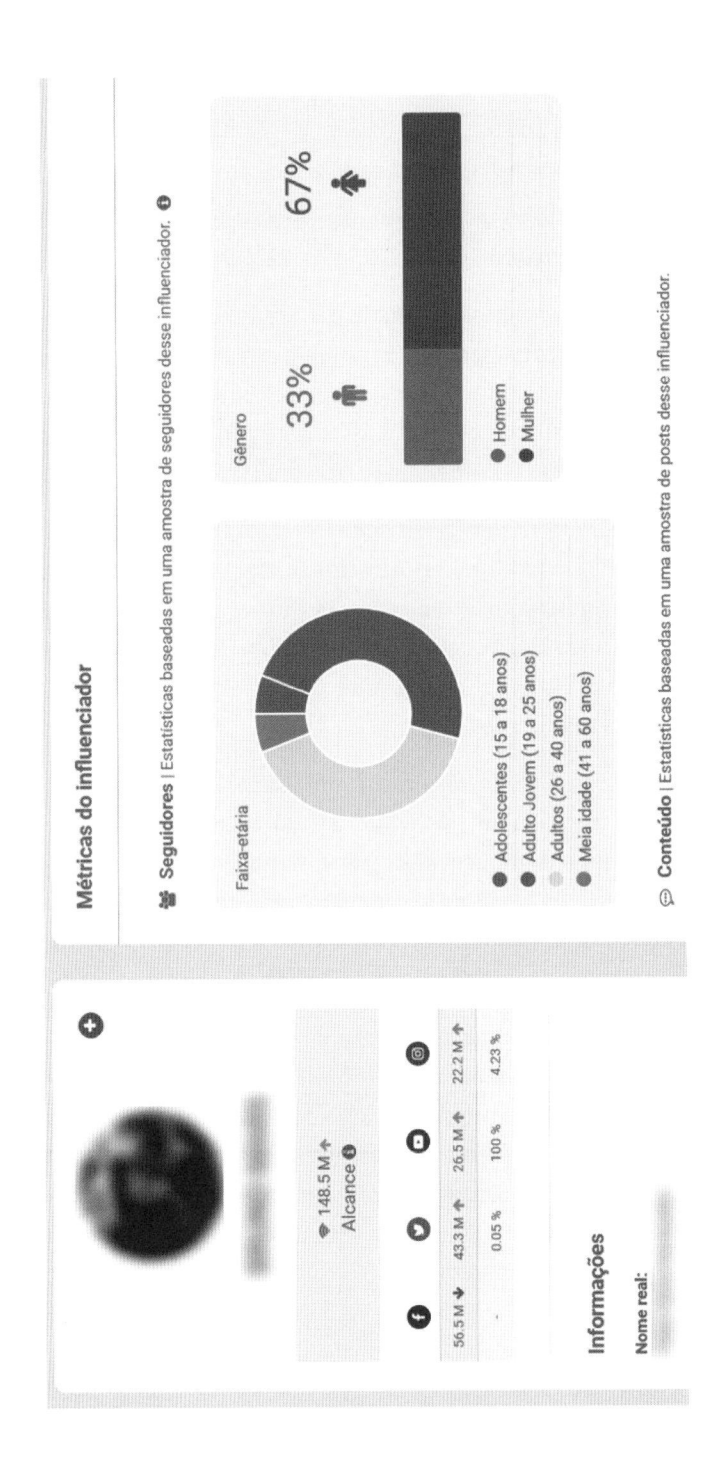

Figura 9.3. Índices de crescimento e relevância de um influenciador em suas redes sociais. Captura de tela da plataforma Influency.me, em março de 2020.

141

- *Quais as mensagens-chave que o influenciador deverá transmitir?*
- *Qual o investimento disponibilizado?*
- *Quais os indicadores de performance dessa campanha (alcance, engajamento, vendas)?*

O conteúdo deve demandar criatividade e, principalmente, adequação ao perfil de cada influenciador. Para melhor parametrização, as ações devem ser divididas em ativações periódicas, sendo semanais, quinzenais ou mensais, por exemplo. Em cada ativação, são definidas as mensagens-chave que o influenciador deverá transmitir de forma natural e contextualizada com sua linguagem e público.

Muitas marcas erram ao querer direcionar demasiadamente os influenciadores, engessando a comunicação e deixando a mensagem com aparência publicitária. A naturalidade e o contexto das informações é trabalho do influenciador contratado, afinal ele entende e sabe como engajar seus seguidores.

Para uma melhor análise de resultados, as campanhas devem ser monitoradas por meio de softwares de gestão especializados, que captam informações das publicações a partir das hashtags e menções publicadas. Por isso, é importante definir uma menção e hashtag específica para cada campanha, pois somente assim será possível consolidar e mensurar todas as publicações e resultados dessa campanha.

Nesse sentido, os softwares são essenciais para verificar se uma campanha teve um desempenho positivo. Com os seus dados, conseguimos aferir todas as postagens e stories, que por característica duram apenas 24 horas no ar, e entender o alcance e engajamento de cada um. Algumas plataformas ainda possibilitam comparar o desempenho de cada influenciador, ajudando na seleção e decisão de sua permanência durante a campanha.

Dicas importantes

#1. Dê liberdade para o influenciador realizar o seu trabalho

O influenciador conhece profundamente o seu público, interage diariamente com ele, sabe seus hábitos e gostos. Colocar muitos padrões em sua campanha, assim como direcionar como o influenciador deve realizar a comunicação da marca, pode deixar a divulgação com caráter comercial e superficial. Por isso, envie as mensagens-chave, hashtags e menções, e dê liberdade para o influenciador divulgar o seu produto ou serviço para as comunidades dele.

#2. Entenda os interesses da marca e do influenciador

Os influenciadores digitais podem ser considerados como um meio de comunicação intermediário entre a imprensa e a publicidade. Eles transmitem uma mensagem publicitária se validarem essa mensagem, e realizam posteriormente um trabalho autoral.

Portanto, negociar com influenciadores não é enviar um pedido de inserção ou um release para um veículo de comunicação. É entender seu perfil, comunicação e valores, verificar se a marca possui a mesma identificação e públicos, para depois negociar uma ação.

Se existir identidade entre os valores da marca e o perfil do influenciador, com certeza a negociação será mais interessante, atendendo aos interesses de ambos os lados.

#3. Realize ações criativas

Infinitas são as possibilidades de se trabalhar ações junto a influenciadores, basta ter criatividade e realizar um bom planejamento. Ações de recebíveis, em que as marcas enviam brindes aos influenciadores para que postem em suas redes sociais, são muito comuns e têm resultados esperados, mas inserir a marca no dia a dia do influenciador, estabelecer conexões entre seus públicos e realizar ações de cross-media, transitando entre o digital e o ponto de venda, pode trazer resultados muito superiores.

#4. Estabeleça trackings

O monitoramento das campanhas e a análise dos resultados devem ser estabelecidos por meio de softwares, que captarão as hashtags e menções de campanhas, assim como o envio de links exclusivos e parametrizados de cada influenciador.

Os links parametrizados divulgados pelos influenciadores auxiliam no entendimento do comportamento desse seguidor, que é direcionado ao site da marca, sendo possível verificar se ele realizou uma compra, se foi até o check out ou se apenas visitou o site.

Outra forma muito comum de entender a performance desse influenciador é a utilização de cupons exclusivos. Com eles, é possível identificar os clientes que realizaram uma transação impulsionados por um influenciador específico.

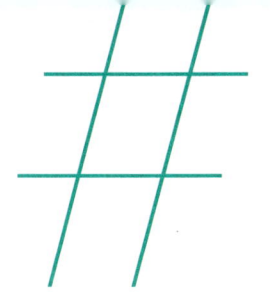

10
Monitoramento e análise de dados

A base para o crescimento e o sucesso de um e-commerce é o monitoramento e a análise de dados constantes. Informações preciosas são extraídas de relatórios processados por softwares e analisados por equipes de BI (business intelligence), cada dia mais robustas nas empresas.

As equipes de BI são responsáveis por interpretar os dados contidos nos relatórios e captar insights para a empresa como um todo, principalmente levando ideias para as equipes de produto, da área comercial, de atendimento e de marketing. Se você não tem uma equipe de BI, separe um tempo e extraia informações semanalmente, a fim de entender quais melhorias podem ser realizadas em termos de usabilidade, personalização, produtos, precificação, logística e atendimento, entre outras áreas que impactam os resultados do seu e-commerce.

Os dados obtidos pelos softwares e consolidados por meio de dashboards mostram o desempenho das campanhas realizadas e resultados de venda diários. É possível conectar o seu web analytics às campanhas veiculadas, verificando o desempenho de cada uma das fontes de tráfego, e cruzar com o desempenho de vendas, para assim entender quais ações têm efeitos positivos e para onde devem ser direcionados seus investimentos.

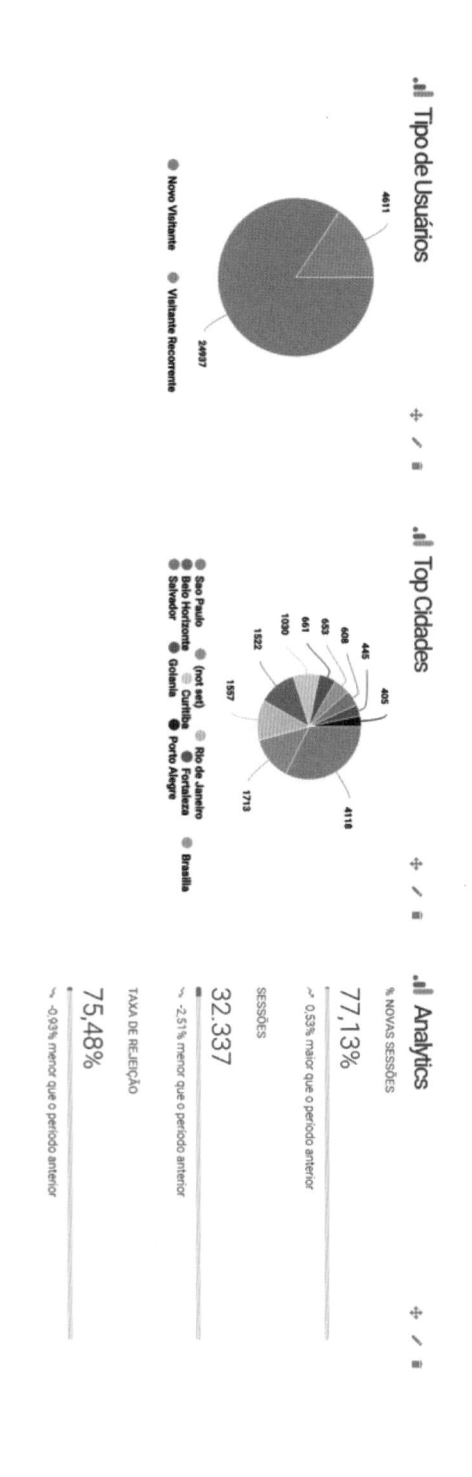

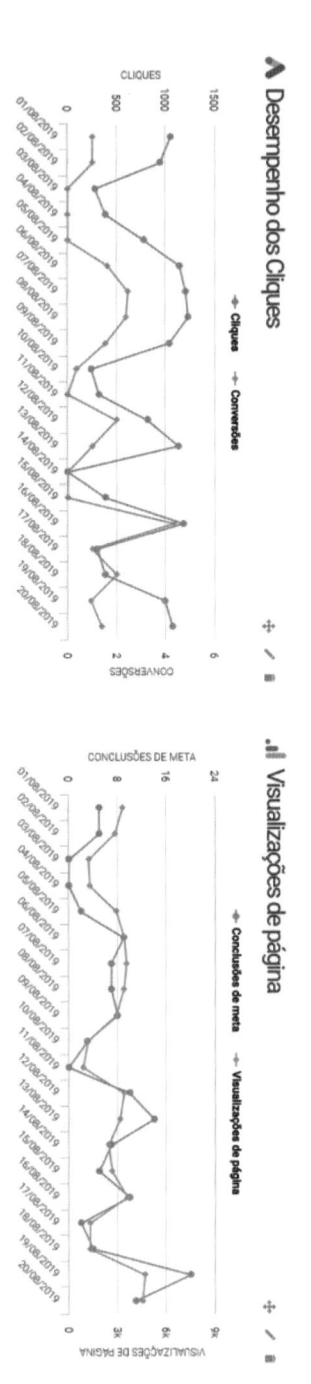

Figura 10.1. Dados consolidados em um dashboard, relacionados aos resultados de uma campanha. Captura de tela da plataforma DashGoo, em março de 2020.

No exemplo ao lado, consolidamos algumas informações extraídas do Google Ads e Analytics, consolidadas em um dashboard. Ou seja, em uma única tela, é possível visualizar inúmeros dados importantes para a análise das suas campanhas e site. Estes são os dados que vemos na Figura 10.1:

- tipos de usuários: novos ou recorrentes;
- top cidades: cidades de onde vêm os usuários;
- novas sessões, sessões e taxa de rejeição;
- dias com maior visualização de páginas;
- taxa de cliques e número de conversões geradas pelo Google Ads.

Esses são apenas alguns dados que podem ser inseridos em um dashboard. Em alguns softwares, é possível analisar informações ainda mais profundas, como conversões por páginas e canais, informações de tráfego orgânico, informações do pipeline de vendas e CRM, além de poder conectar todo tipo de mídia digital para a análise em uma única tela.

A importância da plataforma web analytics

No início deste livro, vimos a importância da análise das fontes de tráfego de um site. Essas informações são extraídas por meio dos web analytics, que são plataformas de análise de dados que podem ser conectadas ao seu site.

Apenas analisando os dados captados por essas plataformas, é possível compreender muito do comportamento do usuário, assim como a performance das campanhas e das vendas. O web analytics mais conhecido do mercado, sem dúvida, é o Google Analytics, disponibilizado de forma gratuita e utilizado pela maior parte dos e-commerces.

Com ele, conseguimos extrair a jornada do consumidor, desde sua entrada até o momento de compra ou de abandono do site. Assim, podemos descobrir quais são as páginas mais acessadas e quais são as que possuem maior taxa de abandono.

A Figura 10.2 mostra o comportamento do consumidor desde o momento em que ele acessa o site até a conversão em vendas e/ou abandono. É possível entender que, das 43.035 sessões, houve um abandono de 95,45%. Apenas em 4,52% dos casos os usuários selecionaram e adicionaram produtos no carrinho, prosseguindo para a inserção de dados na página de check out. Desses, somente 0,3% realizaram uma conversão.

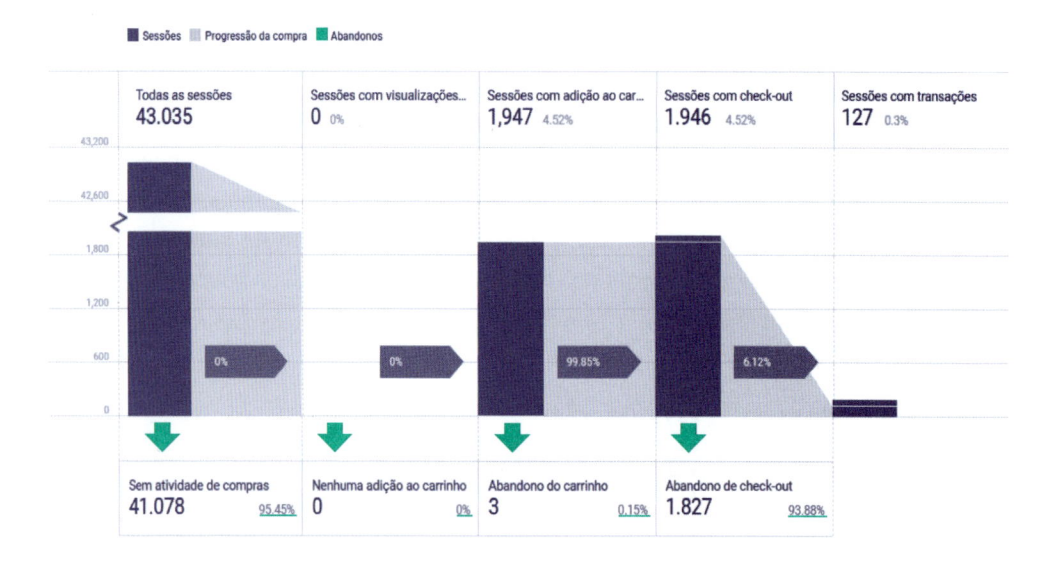

Figura 10.2. Jornada do consumidor em um e-commerce.
Captura de tela da plataforma Google Analytics, em março de 2020.

Esses números parecem ser baixos, mas representam a realidade dos e-commerces no Brasil. Basta se perguntar: quantos sites você acessou sem concluir a compra? Provavelmente, isso ocorreu muitas vezes.

Dados da Experian Hitwise mostram que a taxa média de conversão de um e-commerce no Brasil é de 1,65%, conforme aponta o Sebrae.

Ou seja, apenas 1,65% das sessões de um site transformam-se em vendas, e atingir esse patamar não é tarefa fácil.

Em virtude dessa baixa taxa de conversão, o principal desafio das empresas e dos profissionais de marketing e de e-commerce é levar para o seu site o maior número de usuários qualificados, aumentando a escala de visitantes, para assim gerar um percentual de conversões mais representativo para a receita da empresa.

Rastreio em um web analytics

Outro dado importante que pode ser aferido por uma plataforma web analytics são as performances individuais de cada peça de divulgação de uma campanha. Esse rastreio é realizado a partir de um link de tracking, chamado de UTM.

As UTMs (urchin tracking module) ou módulo de rastreamento Urchin nada mais são do que links parametrizados criados para identificação das campanhas no Google Analytics. Existem sites que funcionam como geradores automáticos de UTMs, para facilitar a criação e implementação.

Se você deseja monitorar qual criativo de uma determinada campanha obteve uma melhor performance, é necessário criar uma UTM para cada criativo de cada canal de divulgação, como no exemplo a seguir.

Ou seja, se criarmos uma UTM para cada peça de campanha e inserirmos este link parametrizado, conseguimos identificar os resultados específicos da divulgação na plataforma Analytics.

É importante salientar que a UTM é responsável por rastrear o último clique do usuário antes de entrar o site. Ou seja, se o usuário clicou nesse banner 300×250 px, referente à campanha de inbound marketing, foi direcionado ao site e realizou a conversão, essa venda será contabilizada na plataforma. Caso o usuário tenha visitado o site e realizado a conversão posteriormente, em uma segunda visita ao site, por exemplo, a plataforma não contabilizará a venda, pois o rastreamento foi perdido.

Essa análise aprofundada dos usuários que visitam o seu site permite concluir os efeitos de cada ação realizada, sendo possível avaliar se é viável ou não prosseguir com os esforços.

Campanhas e estratégias de marketing digital são vitais para quem quer desenvolver um negócio on-line. Sem elas, seu e-commerce será mais um em meio aos milhões de sites existentes, muitos deles sem sucesso. Por isso, ative campanhas, procure parceiros que gerem tráfego para seu site e, consequentemente, vendas, realize testes e analise os resultados. Somente assim você poderá entender se está galgando o caminho certo e levando seu site a melhores patamares.

Dicas importantes

#1. Faça análises de acordo com a concorrência

Para entender se o seu e-commerce está com uma taxa de conversão aceitável, compare com seus concorrentes diretos, analise suas ações e busque atingir a taxa de conversão média específica do seu segmento. Utilizar a taxa média de mercado pode trazer frustações, dado que são muitos os fatores que interferem neste número, como a usabilidade na página de check out, as características dos produtos e o ticket médio de compra.

#2. Conversões em campanhas B2B

A análise de conversão para campanhas B2B, direcionadas para empresas, não pode ser igual à B2C, direcionadas ao consumidor final. Campanhas B2B são focadas em leads, por isso sua conversão deverá ser avaliada pelos leads gerados, e não pelas vendas. Você concorda que é mais fácil gerar um lead do que uma venda? Logo, a taxa de conversão que uma plataforma Analytics trará de uma campanha B2B será muito maior quando comparada à de uma campanha para o consumidor final.

#3. Dashboards

Acompanhar por meio de um dashboard os resultados de sua campanha e-commerce é algo essencial para que os números sejam consolidados e interpretados no dia a dia, pois assim você pode traçar estratégias com maior probabilidade de sucesso. Busque a plataforma de dashboard mais adequada para seu negócio ou desenvolva uma customizada para suas necessidades. A vantagem de uma plataforma terceirizada é a quantidade de funcionalidades e integrações que já vêm prontas; por outro lado, uma plataforma customizada elimina custos de softwares mensais e pode trazer números e resultados mais focados no seu negócio.

Conclusão

> "NUNCA TENHA MEDO DE TENTAR ALGO NOVO. LEMBRE-SE DE QUE UM AMADOR SOLITÁRIO CONSTRUIU A ARCA. UM GRANDE GRUPO DE PROFISSIONAIS CONSTRUIU O TITANIC."
>
> (AUTORIA DESCONHECIDA)

As tecnologias estão em constante desenvolvimento e pode ser que no momento em que leia este livro algo já tenha mudado e evoluído, o que seria maravilhoso!

Acompanhar as mudanças, entender o que traz resultados efetivos e pôr tudo isso em prática é um trabalho que requer dedicação, pesquisa e muita resiliência.

Ir em busca de conhecimento para realizar tentativas de forma coerente, com propósito e planejamento, é o caminho mais assertivo, nesse mundo de possibilidades que o universo digital nos traz.

Este ano de 2020 nos trouxe uma nova forma de ver o mundo, os negócios e a real necessidade de estar inserido no cenário digital. As empresas que se reinventarem e se adequarem a esse novo perfil de consumo estarão à frente, independentemente de qualquer crise instaurada.

Glossário

- **BANNERS ESTÁTICOS:** peças publicitárias em formato de imagem fixa, comumente utilizadas para divulgação em sites e portais.

- **BIG DATA:** grande conjunto de dados disponíveis que necessitam de processamento e análise. O cruzamento desses dados provê informações valiosas para a definição de estratégias para uma empresa.

- **BUSCA PAGA:** anúncios de links patrocinados que aparecem nas redes de busca.

- **CAMPANHA:** conjunto de ações integradas que visam atingir os objetivos de marketing e de comunicação de uma empresa. As ações de uma campanha se tornam fortes quando há uma comunicação consistente, em termos de planejamento e identidade visual, que posteriormente será desdobrada em diferentes peças e anúncios.

- **CANAIS DIGITAIS:** ou canais de marketing digital, são todos os meios utilizados para atrair, reter e converter visitantes em vendas.

- **COMUNICAÇÃO ONE-TO-ONE:** toda forma de comunicação direcionada a uma única pessoa de forma personalizada. Essa forma de comunicação cria proximidade entre o emissor e o receptor da mensagem.

- **DASHBOARD:** painéis consolidadores de informações. No caso das campanhas digitais, os dashboards consolidam informações captadas de diversos meios e canais digitais, que facilitarão a análise e a compreensão dos números apresentados.

- **FONTES DE TRÁFEGO:** canais de comunicação no meio digital que direcionam os usuários para um site. Por exemplo, se um usuário está navegando em um blog e é redirecionado para um site, esse blog será uma fonte de tráfego de referência.

- **IN-STREAM:** vídeos que aparecem no "meio da transmissão", utilizados para a veiculação de inúmeras campanhas nas plataformas YouTube, Facebook, Twitter, entre outras.

- **ÍNDICE DE QUALIDADE:** índice criado pelos motores de busca para qualificar um determinado anúncio. Anúncios com bons índices de qualidade tendem a ter uma melhor performance e custos menores.

- **LANDING PAGES:** também chamadas de páginas de aterrissagem, trata-se de páginas criadas em um site para uma campanha ou um objetivo específico, como a captação de leads.

- **LEADS:** consumidores que demonstraram interesse em seus produtos ou serviços e, por isso, são considerados potenciais.

- **LINK EXTERNO:** link de direcionamento para fora do site de navegação.

- **LINKS PARAMETRIZADOS:** links de direcionamento nos quais são inseridos parâmetros de uma ação ou campanha para a mensuração posterior em um web analytics. Um exemplo de link parametrizado são as UTMs, nas quais é possível inserir em um link informações referentes à campanha para análise posterior no Google Analytics.

- **MARKETING DIGITAL:** conjunto de ações realizadas para o planejamento estratégico da promoção e da divulgação de um produto ou serviço, utilizando os meios digitais.

- **MÍDIA DISPLAY:** todo anúncio em formato de banner é conhecido como uma mídia display.

- **MÍDIAS DIGITAIS:** todos os canais de divulgação e de conteúdo que estão no ambiente digital são considerados mídias digitais.

- **MÍDIAS SOCIAIS:** canais de divulgação e conteúdo digitais que proporcionam interação com usuários. Redes sociais, blogs e fóruns são mídias sociais.

- **NATIVE ADS:** publicidade que está intrínseca ao conteúdo. Ela não se destaca como um anúncio-padrão, mas aparece como recomendação de conteúdo, associado ao tema pesquisado pelo usuário. É comum em sites de notícia.

- **PÁGINAS/SESSÃO:** número médio de páginas ou de interações que os usuários realizam em seu site.

- **POST CARROSSEL:** formato de postagem amplamente utilizado nas redes sociais, com uma sequência de imagens e uma descrição abaixo de cada uma delas. Com este formato, é possível divulgar inúmeros produtos e serviços, em uma única postagem.

- **PIPELINE:** também conhecido como funil de vendas, é uma ferramenta utilizada pela equipe comercial para analisar as etapas de venda junto a cada cliente. Possibilita mensurar o ciclo de vendas, o número de propostas enviadas e o número de vendas realizadas.

- **PLAYERS DE MERCADO:** empresas com forte atuação em um determinado mercado, que podem mudar ou influenciar o segmento em que atuam.

- **POSICIONAMENTO DE MERCADO:** posição que ocupa uma determinada marca na mente do consumidor.

- **PROSPECTS POTENCIAIS:** também conhecidos como "clientes potenciais", são pessoas que se enquadram em um público-alvo potencial para a venda do seu produto ou serviço.

- **RANKING ORGÂNICO:** posicionamento que um site ocupa em um buscador, de acordo com o termo buscado.

- **REDE DE AFILIADOS:** empresas que prestam serviços de intermediação junto a redes de sites que divulgam os produtos ou serviços de uma determinada empresa. As redes de afiliados têm por característica trabalhar com performance, sendo comissionadas se realizam uma venda. No entanto, essa negociação não é uma regra, ela é realizada de acordo com a análise prévia da rede de afiliados sobre o potencial de vendas do cliente.

- **RÉGUA DE AUTOMAÇÃO:** e-mails programados com o uso softwares para serem disparados de acordo com o comportamento ou características de um usuário.

- **REMARKETING:** tecnologia utilizada pelo Google Ads que capta informações de usuários que visitaram um site (cookies) e passa a exibir anúncios a eles, a fim de incentivar que esse mesmo usuário retorne ao site.

- **RICH MEDIA:** anúncios digitais com recursos avançados, utilizando vídeos, áudios e games, que proporcionam uma maior taxa de engajamento e interação dos usuários.

- **SEO (SEARCH ENGINE OPTIMIZATION):** representa um conjunto de técnicas que visa melhorar a indexação orgânica de um site em um motor de busca.

- **SESSÕES:** número de interações que um usuário realizou no seu site em um período de 30 minutos. As sessões expiram a cada 30 minutos.

- **SITES DE CUPONAGEM:** aqueles que divulgam os cupons de descontos dos e-commerces em geral.

- **TAXA DE CONVERSÃO:** percentual calculado entre o número de usuários que visitaram e interagiram com o site *versus* o número de usuários que visitaram o site e realizaram uma compra.

- **TAXA DE REJEIÇÃO:** indica a porcentagem de usuários que realizaram apenas uma sessão no site e o abandonaram. Calcula-se a taxa dividindo-se as sessões únicas (usuários que visualizaram apenas uma página e saíram do site) pelo total de sessões do site.

- **TEMPO DE PERMANÊNCIA:** tempo médio que um usuário permaneceu navegando em um site.

- **TEMPO MÉDIO DA SESSÃO:** duração média de navegação e interação do usuário no seu site.

- **TERMOS PATROCINADOS:** também chamados de palavras-chave patrocinadas, são comumente utilizados em campanhas de buscadores, como o Google Ads.

- **TRÁFEGO DIRETO:** acesso de um usuário a um site, digitando diretamente a URL.

- **TRÁFEGO ORGÂNICO:** usuários que são redirecionados para um site por meio de uma busca orgânica. Entende-se por busca orgânica a exibição de um site nos primeiros resultados de pesquisa de um buscador em razão de sua relevância de conteúdo, sem nenhum investimento.

- **TRANSAÇÕES:** número de compras efetivadas, ou seja, quando o usuário navegou até a página de confirmação do pedido.

- **URL:** domínio ou endereço de um site ou landing page. Em sua tradução, URL significa Uniform Resource Locator ou Localizador Uniforme de Recursos.

- **USABILIDADE:** estudo ou análise de navegação de um usuário em uma página web, a partir do acesso via desktop e celular, ou em um aplicativo.

- **USUÁRIOS:** número de visitantes em um site que realizaram uma ou mais sessões em um período analisado.

- **VISITANTES QUALIFICADOS:** usuários que visitam um site e interagem, mostrando que possuem interesse no produto ou serviço ofertado. Esses visitantes também podem ser identificados pelo bom tempo médio de permanência no site e pela baixa taxa de rejeição.

- **VISITANTES ÚNICOS OU USUÁRIOS ÚNICOS:** número de usuários distintos que visitaram um site.

- **VISITAS MENSAIS:** número de acessos que um site teve ao longo de um mês. Esses usuários podem ser os mesmos ou distintos; contempla-se o número de acessos, e não de usuários.

- **VISUALIZAÇÕES DE PÁGINAS:** número de páginas totais acessadas em um site. Um usuário pode acessar 5 páginas; nesse caso, teremos 5 visualizações de páginas e 1 único usuário.

- **WEB ANALYTICS:** plataformas que analisam o desempenho de um site a partir da análise das campanhas, das fontes de tráfego e do comportamento dos usuários, entre outras métricas.

Referências

AIRFLUENCERS. Por que utilizar microinfluenciadores em suas campanhas? **Airfluencers**. 27 set. 2019. Disponível em: https://airfluencers.com/blog/microinfluenciadores-por-que-trabalhar-com-eles-em-sua-campanha/. Acesso em: 11 jun. 2020.

ALEXA. Top sites in Brazil. Disponível em: https://www.alexa.com/topsites/countries/BR. Acesso em: 29 maio 2020.

ANDERSON, J. Micro *vs*. nano influencers. **MightyScout**. [s.d.]. Disponível em: https://mightyscout.com/blog/micro-vs-nano-influencers. Acesso em: 8 jun. 2020.

ANDRION, R. Consumo de vídeo online cresce 165% no Brasil nos últimos 5 anos. **Olhar Digital**. 25 set. 2019. Disponível em: https://olhardigital.com.br/noticia/consumo-de-video-online-cresce-165-no-brasil-nos-ultimos-5-anos/90726. Acesso em: 10 jun. 2020.

ASLAM, S. LinkedIn by the numbers: stats, demographics & fun facts. **Omnicore**. 29 jul. 2020. Disponível em: https://www.omnicoreagency.com/linkedin-statistics/. Acesso em: 24 jun. 2020.

CLEMENT, J. Leading countries based on LinkedIn audience size as of July 2020. **Statista**. 24 jul. 2020. Disponível em: https://www.statista.com/statistics/272783/linkedins-membership-worldwide-by-country/. Acesso em: 24 jun. 2020.

CRITEO. **Análise do e-commerce do mundo 2018**. Disponível em: https://www.criteo.com/br/wp-content/uploads/sites/5/2018/09/18_GCR_Q2_Report_AMER_BR.pdf. Acesso em: 10 jun. 2020.

FACEBOOK. Gerenciador de Anúncios. **Facebook for Business**. Disponível em: https://pt-br.facebook.com/business/tools/ads-manager. Acesso em: 11 jun. 2020.

FRIER, S.; GRANT, N. Instagram brings in more than a quarter of Facebook sales. **Bloomberg**. 4 fev. 2020. Disponível em: https://www.bloomberg.com/news/articles/2020-02-04/instagram-generates-more-than-a-quarter-of-facebook-s-sales. Acesso em: 4 jun. 2020.

GABRIEL, M. Marketing na era digital: conceitos, plataformas e estratégias. São Paulo: Novatec, 2010.

GOOGLE. Campaign URL Builder. **Google Analytics: Demos & Tools**. [s.d.]. Disponível em: https://ga-dev-tools.appspot.com/campaign-url-builder/. Acesso em: 11 jun. 2020.

GOOGLE. Índice de qualidade. **Ajuda do Google Ads**. [s.d.]. Disponível em: https://support.google.com/google-ads/answer/7050591?hl=pt-BR. Acesso em: 10 jun. 2020.

GOOGLE. Plataforma on-line. **Google Ads**. [s.d.]. Disponível em: https://ads.google.com/home/. Acesso em: 10 jun. 2020.

GOOGLE. Taxa de rejeição. **Ajuda do Google Analytics**. [s.d.]. Disponível em: https://support.google.com/analytics/answer/1009409?hl=pt-BR. Acesso em: 10 jun. 2020.

GUEDES, W. Marketing programático no Brasil. **Meio & Mensagem**. 11 jun. 2019. Disponível em: https://www. meioemensagem.com.br/home/opiniao/2019/06/11/marketing-programatico-no-brasil.html. Acesso em: 10 jun. 2020.

HALLIGAN, B.; SHAH, D. Inbound marketing: attract, engage and delight customers online. 2. ed. Hoboken: Wiley, 2014.

IAB BRASIL; PWC; ILUMEO. Pesquisa Digital AdSpend 2019. Jun. 2019. Disponível em: https://iabbrasil.com.br/publicacoes/digital-adspend-2019/. Acesso em: 10 jun. 2020.

IINTERATIVA. Infográfico – TIKTOK: a rede social da geração Z. **Infobase/Interativa**. 19 nov. 2019. Disponível em: http://www.iinterativa.com.br/infografico-tik-tok-rede-social-da-geracao/. Acesso em: 31 jul. 2020.

KOTLER, P.; KELLER, K. L. Administração de marketing: a bíblia do marketing. 12. ed. São Paulo: Pearson Education, 2006.

LESKIN, P. These are the 31 most popular YouTube stars in the world, from PewDiePie to Ryan Kaji. **Business Insider**. 7 fev. 2020. Disponível em: https://www.businessinsider.com/most-popular-YouTubers-with-most-subscribers-2018-2#6-whinderssonnunes-384-million-subscribers-21. Acesso em: 10 jun. 2020.

LINKEDIN. Gerenciador de campanhas. [s.d.]. Disponível em: https://www.linkedin.com/campaignmanager/accounts. Acesso em: 10 jun. 2020.

LINKEDIN. Influencers. **LinkedIn Lists: Top Voices**. [s.d.]. Disponível em: https://lists.linkedin.com/2015/top-voices/influencers?u=0#. Acesso em: 10 jun. 2020.

LINKEDIN. LinkedIn Sales Navigator. **LinkedIn Sales Solutions**. [s.d.]. Disponível em: https://business.linkedin.com/sales-solutions/ sales-navigator. Acesso em: 10 jun. 2020.

LINKEDIN. Plataforma on-line. [s.d.]. Disponível em: https://www.linkedin.com/feed/. Acesso em: 10 jun. 2020.

LINKEDIN. PressRoom. [s.d.]. Disponível em: https://news. linkedin.com/about-us#. Acesso em: 24 jun. 2020.

LOWE JR., R. G. Foco no LinkedIn: crie uma marca pessoal no LinkedIn para fazer mais dinheiro, gere leads e encontre um emprego. Safety Harbor: The Writing King, 2016.

MARINHO, M. H. Pesquisa Video Viewers: como os brasileiros estão consumido vídeos em 2018. **Think with Google**. Set. 2018. Disponível em: https://www.thinkwithgoogle.com/intl/ pt-br/tendencias-de-consumo/pesquisa-video-viewers-como-os-brasileiros-estao-consumindo-videos-em-2018/. Acesso em: 22 jun. 2020.

MERCADO & CONSUMO. Uso do smartphone para compra e pagamentos cresce no Brasil. 2 out. 2019. Disponível em: https:// www.mercadoeconsumo.com.br/2019/10/02/uso-do-smartphone-para-compra-e-pagamentos-cresce-no-brasil/. Acesso em: 26 maio 2020.

MUNDO DO MARKETING. Qual a maturidade do mercado de mídia programática no Brasil. 8 fev. 2019. Disponível em: https://www.mundodomarketing.com.br/ultimas-noticias/38145/

qual-a-maturidade-do-mercado-de-midia-programatica-no-brasil. html. Acesso em: 11 jun. 2020.

POLITI, C. O que são microinfluenciadores? **Influency.me**. 1 out. 2019. Disponível em: https://www.influency.me/blog/o-que-sao-microinfluenciadores/. Acesso em: 11 jun. 2020.

ROCHA, E. Sacadas de empreendedor. São Paulo: Buzz Editora, 2016.

ROCK CONTENT. Social Media Trends 2019. [s.d.]. Disponível em: https://cdn2.hubspot.net/hubfs/355484/Social%20Media%20 Trends%202019.pdf. Acesso em: 10 jun. 2020.

ROCK CONTENT; RESULTADOS DIGITAIS. O fantástico gerador de personas. Disponível em: https://geradordepersonas. com.br/. Acesso em: 11 jun. 2020.

RONDINELLI, J. Consumo de vídeos online já é maior do que o da televisão, diz pesquisa do YouTube. **E-commerce Brasil**. 27 set. 2019. Disponível em: https://www.ecommercebrasil.com.br/noticias/ YouTube-videos-online/. Acesso em: 10 jun.2020.

RYNNE, A. 10 Surprising stats you didn't know about marketing on LinkedIn [infographic]. **LinkedIn Marketing Solutions Blog**. 1 fev. 2017. Disponível em: https://business.linkedin.com/marketing-solutions/blog/linkedin-b2b-marketing/2017/10-surprising-stats-you-didnt-know-about-marketing-on-linkedin. Acesso em: 10 jun. 2020.

SEBRAE. Taxa de conversão: entenda como transformar usuários em clientes. **Mercado e Vendas**. [s.d.]. Disponível em: https://www.sebrae.com.br/sites/PortalSebrae/artigos/

taxa-de-conversao-o-grande-desafio-do-e-commerce,0eec538981227
410VgnVCM2000003c74010aRCRD. Acesso em: 11 jun. 2020.

SIMILARWEB. Plataforma on-line. [s.d.]. Disponível em: https://
www.similarweb.com/pt. Acesso em: 10 jun. 2020.

TURLAO, F. Mídia programática ganha players no Brasil. **Meio
& Mensagem**. 19 ago. 2014. Disponível em: https://www.
meioemensagem.com.br/home/comunicacao/2014/08/19/players-de-
midia-programatica-chegam-ao-brasil.html. Acesso em: 11 jun. 2020.

WE ARE SOCIAL; HOOTSUITE. Digital in 2019. [s.d.].
Disponível em: https://wearesocial.com/global-digital-report-2019.
Acesso em: 10 jun. 2020.

WIKIPEDIA. LinkedIn. [s.d.]. Disponível em: https://en.wikipedia.
org/wiki/LinkedIn. Acesso em: 11 jun. 2020.

YOUTUBE. Plataforma on-line. **YouTube Ads**. [s.d.]. Disponível
em: https://www.YouTube.com/ads/. Acesso em: 10 jun. 2020.

ZENITH. 65% of digital media to be programmatic in 2019. **Zenith
Media**. 19 nov. 2018. Disponível em: https://www.zenithmedia.
com/65-of-digital-media-to-be-programmatic-in-2019/. Acesso em:
10 jun. 2020.

ZUCKERBERG, M. Perfil pessoal. **Facebook**. 11 jan. 2018.
Disponível em: https://www.facebook.com/zuck/posts/
10104413015393571. Acesso em: 10 jun. 2020.